स्वर्गविभा त्रैमासिक हिंदी पत्रिका

डॉ तारा सिंह विशेषांक, भाग-2

अप्रैल से जून 2026

Published by Swargvibha Publishing House

Reg No: CIN U74899DL 199optc042034

A-1601, Sea Queen Heritage, Plot-6, Sector-18, Sanpada, Navi Mumbai,
Maharashtra, India - 400705

Printed Paperback Edition

स्वर्गविभा ,
A1601, सी क्वीन हेरिटेज, सेक्टर 18, प्लॉट 6, नवी मुम्बई, महाराष्ट्र 400705
मोबाइल नंबर 7980856044 Email ID : swargvibha.com

अनुक्रमणिका

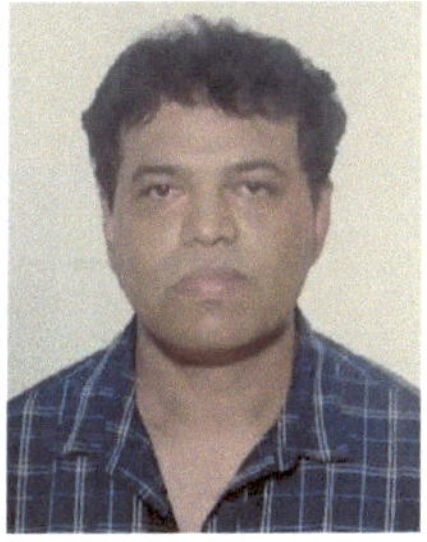

प्रधान संपादकीय

डॉ. तारा सिंह विशेषांक (भाग - 2) का प्रकाशन

साहित्य साम्राज्ञी व विश्व प्रसिद्ध छायावादी साहित्यकार डॉ. श्रीमती तारा सिंह (1952 - 2025) विशेषांक (अक्तूबर से दिसंबर 2025) के सफल प्रकाशन के उपरांत अनेकानेक प्रवीण साहित्य सेवियों व केंद्रीय सरकार पुस्तकालयों से अध्यक्षों, हिंदी प्रचार-प्रसार संस्थानों के निदेशकों द्वारा अनवरत संवाद, पत्राचार एवं टेलीफोनिक परामर्श द्वारा स्वर्गविभा डॉट कॉम संस्था को, डॉ तारा सिंह विशेषांक हर वर्ष प्रकाशित करने का अनुरोध किया जा रहा है| इन संस्थानों का मानना है कि ऐसा प्रयास नवोदित साहित्यकारों एवं हिंदी सेवियों को पर्याप्त ऊर्जा प्रदान करेगी जो वास्तव में हिंदी भाषा के विकास व प्रचार में गति व सार्थकता लाएगी| इन संस्थाओं की नज़र में डॉ. तारा सिंह द्वारा 60 पुस्तकों की रचना व प्रकाशन तथा देश-विदेश से 260 सम्मानों / उपाधियों की प्राप्ति एक असाधारण उपलब्धि है | स्वर्गविभा टीम इन विशिष्ट हिंदी संस्थानों द्वारा प्रेषित निर्देशों का पालन एवं नवांकुरित हिंदी साहित्यकारों को प्रोत्साहन देने हेतु आवश्यक कदम उठा रही है, ताकि उनकी रचनाएँ आम पाठकों एवं पुस्तकालयों / संग्रहालयों तक उचित स्थान व प्रतिष्ठा ग्रहण करने में सफल हों|

2025 में 105 हिंदी साहित्यकारों को तथा 2026 में 140 चयनित साहित्य सेवियों को डॉ. तारा सिंह राष्ट्रीय सम्मान/ एशियन सम्मान/ अंतर्राष्ट्रीय सम्मान तथा मेंमेंनटो/ शील्ड आदि नि:शुल्क, त्वरित डाक द्वारा पहुँचा दी गई है|

इसी प्रतिबद्धता व संकल्प के साथ---

राजीव कुमार सिंह

प्रधान संपादक, स्वर्गविभा

युग-चेतना और मानवीय संवेदना की अप्रतिम साधिका: डॉ. तारा सिंह

सत्येन्द्र कुमार पाठक

समकालीन हिंदी साहित्य में डॉ. तारा सिंह के सृजन का स्थान जब केवल विलासिता या कल्पना की उड़ान न रहकर समाज के अंतिम छोर पर खड़े व्यक्ति की आवाज़ बन जाता है, तब वह कालजयी साहित्य की श्रेणी में आता है। समकालीन हिंदी साहित्य के विस्तृत आकाश में डॉ. तारा सिंह एक ऐसा ही जाज्वल्यमान नक्षत्र हैं, जिन्होंने अपनी अनवरत साधना से साहित्य की लगभग हर विधा को समृद्ध किया है। ६० प्रकाशित पुस्तकों का एक विशाल और वैविध्यपूर्ण संसार उनके अटूट धैर्य, रचनात्मक जीवंतता और शब्द-शिल्प का जीवंत प्रमाण है।

डॉ. तारा सिंह की लेखनी किसी एक निश्चित परिधि या वाद (Ism) में बंधी हुई नहीं है। वे जितनी सहजता से कविता के अमूर्त भावों को शब्दों में ढालती हैं, उतनी ही सूक्ष्मता से ग़ज़ल की बहर और रदीफ़-काफ़िये का निर्वाह करती हैं। जहाँ उनके उपन्यास मानवीय संबंधों की उलझनों और सामाजिक कुरीतियों की परतें खोलते हैं, वहीं उनकी कहानियाँ यथार्थ के धरातल पर जीवन की विसंगतियों को बेबाकी से पाठकों के सामने रखती हैं। इसके साथ ही, उनके आलेख संग्रह, उनकी बौद्धिक और तार्किक क्षमता के परिचायक हैं। उनका यह समग्र साहित्य कला और नैतिकता के उस पावन संगम पर स्थित है, जहाँ शब्द केवल सूचना या मनोरंजन का माध्यम नहीं रह जाते, बल्कि वे मनुष्य के अंतर्मन को झकझोरने वाली 'संवेदना' बन जाते हैं।

डॉ. तारा सिंह की बहुमुखी सृजनशीलता का अंदाज़ा उनकी प्रकाशित पुस्तकों के विधागत वर्गीकरण से लगाया जा सकता है। उनकी साठ कृतियाँ कुल पाँच अलग-अलग विधाओं में विभाजित हैं, जो उनके रचना संसार के व्यापक विस्तार को दर्शाती हैं:

विधा क्रमांक	विधा का नाम	प्रकाशित पुस्तकों की संख्या	मुख्य स्वर / प्रतिपाद्य

१ काव्य संग्रह २३ का स्थान प्रकृति, अध्यात्म, सामाजिक विसंगतियाँ, जीवन दर्शन और नारी विमर्श।

२ ग़ज़ल संग्रह ०९: रूहानी और रूमानी भावों का संगम, आत्म-खोज और भाषाई समन्वय।

३ उपन्यास १२: स्त्री-अस्तित्व की विवशता, मानवीय रिश्तों की जटिलता और दार्शनिकता।

४ कहानी संग्रह १३: यथार्थपरक चरित्र-चित्रण, सामाजिक संदेश और अंतर्मन की गहराई।

५ आलेख संग्रह ०३: वैचारिक पक्ष, बौद्धिक विमर्श और सांस्कृतिक धरोहर का मूल्यांकन।

कुल समग्र साहित्य ६०: मानवीय मूल्यों की स्थापना और समाज का नवनिर्माण।

खंड १: काव्य साहित्य में प्रकृति, अध्यात्म और जीवन दर्शन (२३ संग्रहों का अनुशीलन)

डॉ. तारा सिंह के २३ काव्य संग्रह हिंदी कविता की उस समृद्ध परंपरा को आगे बढ़ाते हैं जहाँ महादेवी वर्मा की रहस्यानुभूति और निराला की सामाजिक चेतना का अनूठा मिश्रण देखने को मिलता है। उनकी कविताओं में 'सिसकती दुनिया' के प्रति गहरी करुणा है, तो 'एक दीप जला लेना' जैसा अडिग विश्वास भी है।

डॉ. तारा सिंह के २३ काव्य-संसार में चेतना एवं बालपन की एक बूंद की प्यासी , हम पानी में भी खोजते रंग ,नदिया स्नेह बूंद सिकता बनती , प्रतीकात्मक एवं जल चेतना के लिए यह जग केवल स्वप्न आसार , साँझ का सूरज , अब तो ठंडी हो चली जीवन की रात और दार्शनिक एवं नश्वरता शोध में स्वर्ग सेतु है नारी , बाल उद्यम , समर्पिता , निरुपमा है। |

प्रतीकात्मकता और जल-चेतना का सौंदर्य में डॉ. सिंह ने अपनी कविताओं में जल और नदी को केवल भौतिक तत्वों के रूप में नहीं, बल्कि मानवीय तृष्णा, प्रेम और अस्तित्व के गहरे प्रतीकों के रूप में प्रयुक्त किया है। 'एक बूँद की प्यासी' और 'नदिया-स्नेह बूँद सिकता बनती' जैसी कृतियाँ यह दर्शाती हैं कि आत्मा किस प्रकार परमात्मा से मिलने के लिए और एक मनुष्य दूसरे मनुष्य के स्नेह के लिए व्याकुल है। नदी का बहना जीवन की निरंतरता है और सिकता (बालू) का बनना समय के थपेड़ों से उपजी परिपक्वता है। 'हम पानी में भी खोजते

रंग' प्रकृति के प्रति उनकी अनन्य निष्ठा को प्रकट करता है। यह संग्रह रेखांकित करता है कि जब समाज भौतिकता की अंधी दौड़ में जल और पर्यावरण जैसे जीवन-स्रोतों को नष्ट कर रहा है, तब कवयित्री पानी के भीतर छिपे जीवन के सौंदर्य और उसके संरक्षण की पुकार लगा रही हैं।

दार्शनिक गहराई और नश्वरता के बोध में मानव जीवन की क्षणभंगुरता और समय की गतिशीलता को डॉ. तारा सिंह ने अपनी कविताओं में अत्यंत मार्मिकता से पिरोया है।।'यह जग केवल स्वप्न असार' और 'साँझ भी हुई तो कितनी धुँधली' जैसी कृतियाँ पाठक को वैराग्य की ओर नहीं ले जातीं, बल्कि उसे इस बात का बोध कराती हैं कि समय रहते जीवन की सार्थकता को समझ लेना चाहिए। 'अब तो ठंढी हो चली जीवन की राख' और 'यह जीवन प्रातः समीरण-सा लघु है प्रिये' में ढलती उम्र के अनुभवों और जीवन की सांध्य-वेला का जो यथार्थ चित्रण है, वह हिंदी कविता में विरल है। 'साँझ का सूरज' और 'सिमट रही संध्या की लाली' अवसान में भी एक गरिमा और सौंदर्य की खोज करने वाले संग्रह हैं।

सामाजिक चेतना और समकालीन संकट की कवयित्री समाज की पीड़ा से अछूती नहीं हैं। जब वे अपने चारों ओर तड़पते और सिसकते इंसानों को देखती हैं, तो उनकी लेखनी प्रतिकार और करुणा का माध्यम बन जाती है।

'सिसक रही दुनिया' और 'तम की धार पर डोलती जगती की नौका' वैश्विक संकटों, युद्ध की विभीषिकाओं, मानवीय मूल्यों के ह्रास और आपसी अविश्वास पर गहरी चिंता व्यक्त करती हैं। निराशा के इस सघन अंधकार के बीच भी वे 'एक दीप जला लेना' जैसी रचनाओं के माध्यम से मनुष्य को अपनी आंतरिक शक्ति और सदिच्छा के बल पर अंधकार से लड़ने का संदेश देती हैं।

नारी विमर्श और संवेगात्मक नामकरण में उनके काव्य संग्रहों का एक बड़ा हिस्सा स्त्री के विविध रूपों, उसकी अस्मिता और उसकी गरिमा को समर्पित है। 'स्वर्ग सेतु है नारी' स्पष्ट

रूप से समाज में स्त्री के उच्च स्थान और उसकी सृजनात्मक शक्ति को प्रतिपादित करता है।

'दूतिका', 'समर्पिता', 'निरूपमा', 'अंकिता' और 'मधुरिमा' जैसी कृतियाँ स्त्री के अंतर्मन के सूक्ष्म भावों–जैसे प्रेम, त्याग, निष्ठा और आत्म-सम्मान के काव्यात्मक दस्तावेज़ हैं। इसके विपरीत, 'बाल उद्यान' के माध्यम से वे बच्चों के निश्चल मन और नई पीढ़ी को नैतिक संस्कारों से जोड़ने का महती कार्य करती हैं।

: गज़ल साहित्य में रूहानी और रूमानी संगम (०९ संग्रहों का विश्लेषण) - हिंदी गज़ल के क्षेत्र में दुष्यंत कुमार के बाद जिन रचनाकारों ने इस विधा को आम जनता की भाषा और संवेदना से जोड़ा, उनमें डॉ. तारा सिंह का नाम प्रमुखता से लिया जाना चाहिए। उनके ९ गज़ल संग्रहों में उर्दू की विलासितापरक नफासत की जगह हिंदी की सहजता, मिट्टी की सोंधी महक और रूहानी गहराई है।

भाषाई सेतु और समन्वय का शिल्प - डॉ. तारा सिंह की गज़लों की सबसे बड़ी विशेषता यह है कि वे उर्दू और हिंदी के बीच की कृत्रिम दीवारों को ढहा देती हैं। उनके संग्रहों के नाम जैसे–'खिरमने गुल' (फूलों का खलिहान), 'बर्गे यासमन' (चमेली की पत्तियाँ), 'सैरे गुल', 'सैर-ए-गुलिस्तां', 'सू-ए-चमन' (चमन की ओर), 'गुलिस्तान-ए-हयात' (जीवन का उपवन) और 'बज़्म-ए-हस्ती' (जीवन की महफ़िल)–यह सिद्ध करते हैं कि उन्हें इन दोनों भाषाओं के शब्द-सामर्थ्य पर समान अधिकार प्राप्त है। उनकी गज़लें केवल शायरी नहीं हैं, बल्कि वे दो संस्कृतियों के मिलन का भाषाई सेतु हैं। ।रूमानी कोमलता और आत्म-अन्वेषण (Mysticism) - 'नगमें हैं मेरे दिल के' में जहाँ प्रेम की कोमल, निश्छल और रूमानी अनुभूतियाँ हैं, वहीं 'अपनी तलाश में' संग्रह उन्हें एक साधिका के रूप में स्थापित करता है।।'अपनी तलाश में' की गज़लें मनुष्य को बाहरी दुनिया के शोर से हटाकर उसके अंतर्मन की ओर ले जाती हैं। यह स्वयं की खोज, आंतरिक शांति और सूफी संतों जैसी रूहानी तड़प का अनुपम उदाहरण है। उनकी गज़लों के शेर पाठकों को चमत्कृत करने के लिए नहीं, बल्कि उनके हृदयों को संवेदित करने के लिए लिखे गए हैं।

कथा-साहित्य में संवेदना और यथार्थ का धरातल उपन्यास एवं कहानी - डॉ. तारा सिंह का कथा-साहित्य (१२ उपन्यास और १३ कहानी संग्रह) समाज के उन अनछुए और उपेक्षित पहलुओं का जीवंत दस्तावेज़ है, जिन्हें अक्सर मुख्यधारा के विमर्शों में हाशिए पर धकेल दिया जाता है। उनका कथा-शिल्प कोरी कल्पना पर आधारित न होकर ठोस सामाजिक यथार्थ और नैतिक मूल्यों की जमीन पर खड़ा है।

उपन्यासों में मानवीय संवेदना और सामाजिक द्वंद्व (१२ उपन्यासों का अनुशीलन) डॉ. सिंह के उपन्यास सामाजिक कुरीतियों पर तीखा प्रहार करते हैं और मानवीय रिश्तों की बुनावट को सूक्ष्मता से उकेरते हैं।

डॉ तारा सिंह के 13 उपन्यासों में स्त्री विमर्श एवं अस्तित्व का दूसरी औरत , सबीना की रुखसती , बासी फूल , तनहा सफर , प्रेम विरह एवं त्रासदी के लिए सिसकती मोहब्बत , नींद हमारी , ख्वाब तुम्हारे और दार्शनिक एवं आध्यात्मिक क्षेत्र में तपस्वी , मांझी नैया ढूंढे किनारा हैं।

स्त्री विमर्श, विवशता और सामाजिक दोहरे मानदंड - 'दूसरी औरत': यह उपन्यास पुरुष प्रधान समाज के उस क्रूर यथार्थ को सामने लाता है जहाँ स्त्री को अक्सर एक विकल्प या भोग की वस्तु के रूप में देखा जाता है। लेखनी ने यहाँ स्त्री के आत्मसम्मान और उसकी मानसिक वेदना का अत्यंत सूक्ष्म मनोवैज्ञानिक विश्लेषण किया है।।'सबीना की रुखसती': इस कृति के माध्यम से डॉ. सिंह ने सांप्रदायिक और सामाजिक सीमाओं से परे जाकर एक बेटी की विदाई, उसके अस्तित्व के संघर्ष और नए परिवेश में उसके तालमेल की समस्या को अत्यंत भावुकता के साथ उठाया है।।'बासी फूल' और 'तनहा सफ़र': ये उपन्यास उन स्त्रियों की गाथा हैं जो समय के क्रूर चक्र और समाज की उपेक्षा के कारण अकेलेपन का शिकार हो जाती हैं, परंतु हार मानने के बजाय अपने 'तनहा सफ़र' को ही अपनी शक्ति बना लेती हैं।

प्रेम की साधना और त्रासदी - 'सिसकती मोहब्बत' और 'बेपनाह मोहब्बत': डॉ. तारा सिंह के दृष्टिकोण में प्रेम केवल वासना या आकर्षण नहीं है, बल्कि वह एक साधना है। इन उपन्यासों

में प्रेम के सामाजिक बंधनों, जाति-पांत की दीवारों और पारिवारिक झूठी शान के कारण उत्पन्न होने वाली त्रासदियों का चित्रण किया गया है।। 'क्या याद करूँ' और 'नींद हमारी, ख़्वाब तुम्हारे': ये कृतियाँ यादों के झरोखों से जीवन को देखने के प्रयास हैं। इनमें युवा मन के द्वंद्व, स्मृतियों के दंश और बिखरते सपनों के यथार्थ को आधुनिक संदर्भों में प्रस्तुत किया गया है। 'ईद की रात' मानवीय सौहार्द और प्रेम के मिलन-बिंदुओं को तलाशती है।

दार्शनिकता और जीवन की अंतिम खोज - 'तपस्वी': यह उपन्यास मनुष्य की आंतरिक यात्रा की कहानी है। भौतिक सुख-सुविधाओं से ऊबकर आत्मिक शांति और त्याग की ओर प्रवृत्त होने वाले चरित्रों के माध्यम से लेखिका ने भारतीय दर्शन के 'तप' तत्व को आधुनिक परिप्रेक्ष्य में परिभाषित किया है। 'माँझी नैया ढूंढे किनारा': यह जीवन रूपी नौका और उसके खेवनहार (मनुष्य) के अंतहीन संघर्ष का रूपक है। जब समाज में चारों ओर भटकाव हो, तब मनुष्य किस प्रकार अपने अस्तित्व का 'किनारा' खोजता है, यही इस उपन्यास की मूल विषयवस्तु है।

: कहानियों में यथार्थपरक और प्रतीकात्मक चित्रण (१३ कहानी संग्रहों) - यदि उपन्यास जीवन का एक विस्तृत कैनवास हैं, तो डॉ. तारा सिंह की कहानियाँ उस कैनवास पर खींची गई वे तीखी और गहरी रेखाएँ हैं जो सीधे पाठक के मर्म पर चोट करती हैं। उनके १३ कहानी संग्रह शिल्प और कथ्य की दृष्टि से अत्यंत समृद्ध हैं।

चरित्र-प्रधान कहानियाँ और स्त्री-अस्मिता - 'सुचरिता', 'समीरा' और 'कुमुदिनी': इन संग्रहों के नाम ही यह स्पष्ट करते हैं कि डॉ. सिंह की कहानियों के केंद्र में महिला पात्र हैं। लेकिन ये पात्र अबला या बेबस नहीं हैं; ये अपने अधिकारों के लिए सजग, शिक्षित और समाज को चुनौती देने वाली आधुनिक और संस्कारी स्त्रियाँ हैं।

'परित्यक्ता': यह कहानी संग्रह समाज द्वारा छोड़ी गई, तलाकशुदा या उपेक्षित नारियों के मानसिक संताप और उनके पुनरुत्थान की कहानी कहता है। यह समाज के रूढ़िवादी चेहरे पर एक ज़ोरदार तमाचा है।

प्रतीकात्मकता और पर्दे के पीछे का यथार्थ।- 'नेपथ्य का दीया': यह डॉ. तारा सिंह की कथा-यात्रा की एक कालजयी और उत्कृष्ट कृति मानी जा सकती है। 'नेपथ्य' अर्थात रंगमंच का पिछला हिस्सा। यह कहानी समाज के उन गुमनाम नायकों, मजदूरों, गृहणियों और त्याग करने वाले व्यक्तियों की प्रतीक है जो खुद अंधेरे में रहकर पूरे समाज को अपने श्रम से आलोकित करते हैं, लेकिन जिन्हें कभी मुख्य मंच पर सम्मान नहीं मिलता।

'श्वेत फूल की माला', 'लहरियों की माला' और 'क्षितिज के पार': ये संग्रह जीवन की निरंतरता, आशा-निराशा के ज्वार-भाटे और मानव मन की असीम आकांक्षाओं को प्रतीकात्मक रूप में प्रस्तुत करते हैं।

भावुकता और मानवीय संवेदना का चरमोत्कर्ष - 'तृषा' (प्यास), 'रसवंती', 'आँसू के कण' और 'भींगी पलकें': ये कहानियाँ इतनी मर्मस्पर्शी हैं कि पाठकों की आँखों को नम कर देती हैं। इनमें वृद्धाश्रम की कड़वी हकीकत, अनाथ बच्चों की समस्याएँ और बिखरते संयुक्त परिवारों का ऐसा यथार्थ चित्रण है जो समाज की सोई हुई चेतना को जगाने का प्रयास करता है।

आलेख संग्रह और बौद्धिक गहराई (०३ संग्रह) - डॉ. तारा सिंह का रचनात्मक व्यक्तित्व केवल भावनाओं और संवेदनाओं तक ही सीमित नहीं है, बल्कि उनका एक सुदृढ़ वैचारिक और बौद्धिक पक्ष भी है, जो उनके ३ आलेख (निबंध) संग्रहों में प्रखर होकर सामने आता है।

तारा सिंह के ३ आलेख संग्रह में सांस्कृतिक चिंतन का निबंध सरिता में विविध सामाजिक एवं साहित्यिक विमर्श , वैचारिक सरिता में ज्योत्सना में साहित्य कला एवं समकालीन ज्वलंत विषयों पर विमर्श , बौद्धिक प्रकरम्पटटी का सांस्कृतिक धरोहर , लोक संस्कृति और यात्रा संस्मरणों का पुट है।'निबंध सरिता': विचारों का अनवरत प्रवाह - इस संग्रह में डॉ. सिंह ने साहित्य, समाज, राजनीति और संस्कृति के अंतर्संबंधों पर गंभीर निबंध लिखे हैं। उनकी शैली

विश्लेषणात्मक है। वे केवल समस्याओं को रेखांकित नहीं करतीं, बल्कि अपने निबंधों के माध्यम से उनके व्यावहारिक समाधान भी प्रस्तुत करती हैं।

ज्योत्सना': कला और साहित्य का बौद्धिक प्रकाश - 'ज्योत्सना' का अर्थ है चाँदनी। यह संग्रह वास्तव में समकालीन ज्वलंत विषयों, स्त्री-विमर्श की वास्तविक दिशा और साहित्य के गिरते स्तर जैसी चुनौतियों पर बौद्धिक प्रकाश डालता है। इसमें उनके व्याख्यानों और शोध-परक लेखों का संकलन है जो उनकी विद्वत्ता को अकादमिक स्तर पर स्थापित करता है।

'रम्यटती': सांस्कृतिक धरोहर और लोक-संस्कृति का सौंदर्य - यह अद्भुत आलेख संग्रह पाठकों को भारत की समृद्ध सांस्कृतिक विरासत, लोक-कलाओं, ऐतिहासिक धरोहरों और प्रकृति के रमणीय स्थलों की यात्रा पर ले जाता है। इसमें निबंध के साथ-साथ संस्मरण और यात्रा-वृत्तांत का एक सुंदर समन्वय देखने को मिलता है, जो यह सिद्ध करता है कि लेखिका अपनी जड़ों से कितनी गहराई से जुड़ी हुई हैं।

: डॉ. तारा सिंह के साहित्य के मुख्य वैचारिक स्तंभ (Thematic Pillars)

यदि हम डॉ. तारा सिंह की सभी ६० पुस्तकों का समग्रता में अध्ययन करें, तो उनके संपूर्ण लेखन के पीछे कुछ निश्चित और दृढ़ वैचारिक स्तंभ दिखाई देते हैं जो उनके साहित्य के प्राण हैं:

डॉ तारा सिंह के साहित्य के ४ वैचारिक स्तंभ

【सामाजिक विसंगतियाँ】	【पर्यावरण एवं जल संरक्षण】	【सांस्कृतिक विरासत & नारी】
- उपेक्षित वर्ग की पीड़ा	- 'हम पानी में भी खोजते रंग'	- जड़ों से जुड़ाव और आधुनिकता
- कुरीतियों पर तीखा प्रहार	- प्रकृति और मानव का जुड़ाव	- 'स्वर्ग सेतु है नारी' (गरिमा)

उनका साहित्य वातानुकूलित कमरों में बैठकर लिखा गया विलासिता का साहित्य नहीं है। चाहे वह उपन्यास हो या कविता, वे समाज के शोषित, पीड़ित, अनाथ और हाशिए पर खड़े

मनुष्यों की आवाज़ बनती हैं। उनकी रचनाओं का मुख्य स्वर सामाजिक समरसता की स्थापना और कुरीतियों का उन्मूलन है।

पर्यावरण और जल संरक्षण की वैश्विक पुकार - आज के युग में जब पूरा विश्व जलवायु परिवर्तन और जल संकट से जूझ रहा है, डॉ. तारा सिंह के साहित्य में इस विषय को बहुत पहले ही प्रमुखता से स्थान दिया गया था। 'हम पानी में भी खोजते रंग' और 'एक बूँद की प्यासी' जैसी कृतियों के माध्यम से उन्होंने यह संदेश दिया है कि प्रकृति की रक्षा के बिना मानव अस्तित्व की कल्पना ही असंभव है। वे नदियों को बचाने, पानी सहेजने और पेड़ों को न काटने की भावनात्मक अपील सीधे पाठकों के दिलों से करती हैं। सांस्कृतिक विरासत और जड़ों से जुड़ाव में डॉ. सिंह आधुनिक विचारों का स्वागत करती हैं, परंतु अपनी समृद्ध भारतीय संस्कृति और गौरवशाली अतीत की कीमत पर नहीं। उनका लेखन पश्चिमी अंधानुकरण का विरोध करता है और पाठकों को अपनी जड़ों, नैतिक मूल्यों, बड़ों के प्रति आदर और संयुक्त परिवार की महत्ता को संजोने की प्रेरणा देता है।

प्रगतिशील नारी विमर्श और स्त्री गरिमा में उनका नारी विमर्श 'पुरुष-विरोध' पर आधारित खोखला विमर्श नहीं है। वे स्त्री को पुरुष की प्रतिद्वंद्वी नहीं, बल्कि उसकी पूरक और समाज की रीढ़ मानती हैं। वे स्त्री की शिक्षा, उसके आर्थिक स्वावलंबन और उसके आत्मसम्मान की वकालत करती हैं। 'स्वर्ग सेतु है नारी' के माध्यम से वे स्त्री के उस गरिमामय रूप को पुनर्स्थापित करती हैं जो पूरे परिवार और समाज को जोड़ने का कार्य करता है।

: भाषा-शिल्प, संवाद-योजना और संप्रेषणीयता में साहित्य की सफलता इस बात पर निर्भर करती है कि वह पाठक के हृदय तक कितनी सहजता से पहुँचता है। इस कसौटी पर डॉ. तारा सिंह का भाषा-शिल्प शत-प्रतिशत खरा उतरता है।

उनकी भाषा सरल और सुबोध है, परंतु वह इतनी मर्मभेदी है कि पाठक को सोचने पर विवश कर देती है। वे क्लिष्ट और बोझिल शब्दों के प्रयोग से बचती हैं, गज़लों में उर्दू-हिंदी का मेल और कहानियों में आंचलिक शब्दों का प्रयोग उनकी रचनाओं को जीवंत बना देता

है। उनके उपन्यासों और कहानियों के संवाद छोटे, चुटकीले और पात्रों की मानसिक स्थिति के अनुकूल होते हैं। वे लंबे उबाऊ भाषणों की जगह छोटे और अर्थपूर्ण संवादों के माध्यम से पूरी बात कह देती हैं। उनकी शैली में विषयानुसार परिवर्तन होता रहता है। कविता में जहाँ वे भावात्मक और प्रतीकात्मक हो जाती हैं, वहीं आलेखों में वे तार्किक और विश्लेषणात्मक शैली का परिचय देती हैं। हिंदी साहित्य की अमूल्य निधि और युग-परिवर्तक लौ डॉ. तारा सिंह का साठ पुस्तकों का यह विशाल सृजन संसार हिंदी साहित्य की एक ऐसी अमूल्य निधि है जिसे आने वाली पीढ़ियाँ हमेशा गर्व के साथ याद रखेंगी। उन्होंने अपनी लेखनी से केवल कागज़ काले नहीं किए, बल्कि समाज के उन कोनों में 'ज्ञान और संवेदना का दीप' जलाया है जहाँ अक्सर अज्ञानता और उपेक्षा का अंधेरा रह जाता है। उनकी साहित्यिक यात्रा 'साँझ की धुँधली रोशनी' से घबराने की नहीं, बल्कि उस धुंधलके को चीरकर 'एक दीप जला लेना' के महासंकल्प की यात्रा है। कला और नैतिकता, सौंदर्य और संदेश का ऐसा दुर्लभ समन्वय बहुत कम रचनाकारों में देखने को मिलता है। डॉ. तारा सिंह का कथा, काव्य और आलेख साहित्य हिंदी अकादमी और संपूर्ण भारतीय वांग्मय के उस गौरव को बढ़ाता है, जहाँ साहित्य केवल मनोरंजन न रहकर 'शिव' (कल्याणकारी) और 'सुंदर' (सत्य का सौंदर्य) के मार्ग पर चलने का माध्यम बन जाता है। उनका यह विराट अवदान युगों-युगों तक आने वाली पीढ़ियों के लिए एक सशक्त मार्गदर्शक और प्रकाश स्तंभ का कार्य करता रहेगा।

आधुनिक छायावाद की अग्रदूत थी: डॉक्टर तारा सिंह

हरि किशोर प्रसाद सिंह

विशाल साहित्य के विशाल साहित्याकाश में डॉक्टर तारा सिंह का नाम बड़े आदर के साथ लिया जाता है। इन्होंने अपनी मौलिक आभा और संवेदनाओं के फलस्वरूप अमरत्व को प्राप्त किया है। आधुनिक छायावाद की गुरुतर परम्परा, जिसमें प्राकृतिक सौन्दर्य और नारी में व्याप्त सौन्दर्य का प्राचुर्य है, उसे आधुनिकता की नव-ऊँचाईयों तक पहुँचाने वाली साहित्यकार का नाम है - डॉ. तारा सिंह, जिनका नाम सर्वोच्च शिखर पर है। जमालपुर की पुनीत धरती पर 10 अक्टूबर, सन् 1952 ई0 में इनका अवतरण हुआ। डॉ. सिंह ने अपनी लेखनी से न केवल शब्दों को संस्कार प्रदान किया, बल्कि समाज में सुषुप्तावस्था में सोई हुई संवेदनाओं को जागृत करने में भी अपनी अहम भूमिका निभायी है।

जमालपुर शहर को साधना और संस्कार के क्षेत्र में विश्व मानचित्र पर स्थापित करने का श्रेय डॉ0 तारा सिंह को ही जाता है। इनके व्यक्तित्व का निर्माण, कला एवं संस्कृति के छत्र-छाया में हुआ। शैशवावस्था से ही इन्हें नृत्य, संगीत और काव्य के प्रति गहरी अभिरुचि ने इन्हें एक संवेदनशील रचनाकार बना दिया। इन्होंने स्नातक की परीक्षा 'प्रतिष्ठा' के साथ उत्तीर्णता प्राप्त करने के पश्चात एम0 बी0 ई0 एच0 की डिग्री भी प्राप्त की। बी0 ए0 (आनर्स) करने के पश्चात इन्होंने हिन्दी साहित्य की सेवा में अपने आपको पूर्णतः समर्पित कर दिया। डॉ0 सिंह का मानना है कि साहित्य मात्र कल्पना का विलास नहीं जबकि उन्हें समाज का मार्गदर्शक एवं दर्पण होना चाहिए।

हिन्दी के साहित्यानुरागी डॉ0 तारा सिंह बहुमुखी प्रतिभा के धनी रहे हैं। इनकी लेखनी ने विभिन्न विधाओं में अपनी गरिमामयी उपस्थिति दर्ज करायी है। गजल और कविता में उनकी मानवीय रिश्तों की पेचीदगियों एवं जीवन के दर्शन को बड़ी ही सरलता के साथ दृष्टिगोचर होती हैं। इनकी गजलें एवं कविताएँ छायावाद की कोमलता एवं आधुनिक युग की यथार्थता

का एक दुर्लभ संगम है। काव्य संग्रहों की अतल गहराई उनकी प्रमुख रचनाएँ आज भी साहित्य के 'मील का पत्थर' जैसे हैं।

अगर किसी अदबी ऊँचाई -गहराई को मापने की कभी मजबूरी आ पड़े तो अल्लाम जमील मजहुरी का पैमाना डॉक्टर तारा सिंह जेसे की रचनात्मकता, श्रेष्ठता को पूरी गत्वरता से ऑकने में समर्थ है, लगता है :-

"लिखे न क्यों नक्शे-पा-ए-हिम्मत

कदम-कदम पर मेरा फसाना,

मैं वो मुसाफिर हूँ जिसके पीछे

अदब से चलता रहा जमाना।"

इनकी गजलों से गुजरते हुए यह एहसास अनवरत बना रहता है कि शायरी की गहराई में डूबी रचनात्मकता से सरापा लैस शायर की शख्सियत सतह से इस इंसान की है जो अपने इर्द-गिर्द की तमाम दुश्वारियों - नाफरमानियों, ऊँच-नीच और अच्छाइयों-बुराईयों से बारहा खुद को दो-चार करता रहा है। चीजों को देख-सुन-परखकर, बातों को फकत बतियाने की हद से बाहर ले जाकर एहसास के बुरा अंत तक ले जाने की अदा-"नुक्ताचीं है गमे-दिल इसको सुनाये न बने, क्या बने बात जहॉ बात बनाये न बने।।"

स्मृतिशेष डॉक्टर (श्रीमती) तारा सिंह के पति का नाम डॉक्टर ब्रहमदेव प्रसाद सिंह है जो पश्चिम बंगाल के कोलकाता महाविद्‌यालय के पूर्व प्राचार्य, रीडर एवं रसायनशास्त्र विभागाध्यक्ष रहे हैं। इनके पति डॉक्टर ब्रहमदेव प्रसाद सिंह आचार्य तो थे हीं ये जगदीशचन्द्र बसु महाविद्‌यालय, जो उस वक्त कोलकाता विश्वविद्‌यालय के अधीन था, में कार्यरत थे।

इनकी अभिरूचि प्रारंभ से ही हिन्दी साहित्य की सेवा एवं साहित्य चर्चा में रही है। स्मृतिशेष डॉ0 तारा सिंह काव्य रचना में रत रही हैं।

भाषा के कलात्मक उपयोग-प्रयोग से ही साहित्य को सौन्दर्य सृजित है। साहित्य के मनीषी और भाषा के निष्णात कवयित्री के रूप में डॉ0 सिंह निश्चय ही अपनी धमक रखती हैं। एक अप्रतिम-कवि-गजलकार-उपन्यासकार एवं साहित्यकार के रूप में उनके चिंतन-मनन की आंतरिकता बिम्बो-प्रतीकों,उपमाओं से सान्द्र है। इस संदर्भ में "Aesthetics" स्पष्ट किया है: "The artist thinks in images. The image is a figurative metaphorical thought which characterizes one phenomenon through another. The artist causes phenomena to clash producing a spark which shows life in a new light."

• इनकी अभिरूचि प्रारंभ से ही कविता, गजल, सिनेमा गीत, कहानी, उपन्यास आदि लेखन।

· संप्रति-संस्थापक अध्यक्ष एवं प्रधान सेवा, साहित्य, चर्चा और समाज सेवा।

• (www.swargvibha.com) वेवसाइट एवं 'स्वर्ग विभा' ऑनलाइन त्रैमासिक पत्रिका

· संपर्क - 1562, सी-क्वीन हेरिटेज, प्लॉट नं-06, सेक्टर-18, सानवाड़ा, नवीं मुम्बई-400705

· दूरभाष- 09322991198, 07980856044

स्वरचित पुस्तकें प्रकाशित – 60

काव्य - संग्रह – 23

1. एक बूँद की प्यासी
2. सिसक रही दुनिया
3. हम पानी में भी खोजते रंग
4. एक पालकी चार कहार
5. साँझ भी हुई तो कितनी धुँधली
6. एक दीप जला लेना
7. रजनी में भी खिली रहूँ किस आस पर
8. अब तो ठंढी हो चली जीवन की राख

9. यह जीवन प्रातः समीरण-सा लघु है प्रिये
10. तम की धार पर डोलती जगती की नौका
11. विषाद नदी से उठ रही ध्वनि
12. नदिया-स्नेह बूँद सिकता बनती
13. यह जग केवल स्वप्न असार
14. सिमट रही संध्या की लाली
15. साँझ का सूरज
16. तिमिरांचला
17. दूतिका
18. समर्पिता
19. निरूपमा
20. अंकिता
21. मधुरिमा
22. बाल उद्यान
23. स्वर्ग सेतु है नारी

गज़ल संग्रह –9

1. नगमें हैं मेरे दिल के
2. खिरमने गुल
3. बर्गे यासमन
4. सैरे गुल
5. सैर-ए-गुलिस्तां
6. सू-ए-चमन
7. गुलिस्तान-ए-हयात
8. बज़्म-ए-हस्ती
9. अपनी तलाश में

उपन्यास – 12

1. दूसरी औरत
2. जिंदगी, बेवफ़ा मैं नहीं
3. सिसकती मोहब्बत

4. क्या याद करूँ
5. माँझी नैया ढूंढे किनारा
6. सबीना की रुख़सती
7. बासी फूल
8. तनहा सफ़र
9. नींद हमारी, ख़्वाब तुम्हारे
10. ईद की रात
11. बेपनाह मोहब्बत
12. तपस्वी

कहानी संग्रह – 13

1. तृषा
2. रसवंती
3. परित्यक्ता
4. आँसू के कण
5. भींगी पलकें
6. श्वेत फूल की माला
7. कुमुदिनी
8. सुचरिता
9. नेपथ्य का दीया
10. लहरियों की माला
11. दीप शिखा
12. समीरा
13. क्षितिज के पार

आलेख संग्रह---3

1. निबंध सरिता

2. ज्योत्सना

3. रम्यटती

फिल्मी गीत -

'जयहिन्द सिपाई जी' हिन्दी फिल्म 2008 के लिए कविता, अनमोल प्रोडक्शन, मुम्बई द्वारा शीर्ष गीत (Title Song} के रूप में ली गई|

Ku Ku F.M. Radio पर 8 पुस्तकों (तीन कहानियाँ, तीन काव्य-संग्रह व दो उपन्यास) का सफल प्रसारण भी किया गया।

Wikipedia competition (2010-11): पाँच स्टार्स मिले और बायोग्राफी पब्लिश हुई |

Wikipedia Compltition-20-10-11: पॉच स्टार्स मिले और इसकी बायोग्राफी भी प्रकाशित हुई थी।

इतना ही नहीं डॉक्टर तारा सिंह का जीवनवृत भी देश ही नहीं बल्कि विदेशों में भी प्रकाशित हुई हैं जिसमें संयुक्त राज्य अमेरिका के TARA SINGH (AUTHOR) की Biogrpaphy Barnes and Noble, J.J .- 2021 में प्रकाशित हुई थी।

डॉ. तारा सिंह की उच्चस्तरीय हिंदी साहित्य सेवा एवं विश्व व्यापक प्रचार के लिए उन्हें 260 सम्मानों/मानदोपाधियों और ट्रोफियों द्वारा सम्मानित किया जा चुका है, जिसके कुछ उदाहरण यहाॅ उल्लिखित हैं-

Best Outstanding national Writer Award: Vidyasagar (DLitt): Doctor of Oriental Learning: World Lifetime Achievement Award; Woman of the year Award: Rajiv Gandhi Excellence Award; Mother Teresa Award; Rising Personalities of India Award (Penguin): Best Citizens of India Award: Achiever of the Millennium Award: Asia-Pacific International Award: Bharat & Nepal Sadbhavana Award: Gold Star Asia International Award: Indian Media Welfare Association Award: World's Greatest Record 2022,Woman of the year representing India 2009 outstanding contribution(The American Biological Institute) : साहित्य महोपाध्याय, भारतीय साहित्यकार संसद, समस्तीपुरः ऑल इण्डिया वोमेन्स एशोसिएशन, इलाहाबाद आदि।

डॉ. तारा सिंह ने 'स्वर्गविभा' पोर्टल और पत्रिका के माध्यम से जो सेवा की, वह अविस्मरणीय है। उन्होंने नए रचनाकारों को वह मंच दिया जो स्थापित पत्रिकाओं में दुर्लभ था। वैश्विक

उपस्थिति: 29 हिंदी वेबसाइटों के साथ जुड़ाव और 'स्वर्गविभा' की अध्यक्षता ने उन्हें एक 'साहित्यिक संस्था' के रूप में स्थापित कर दिया। उन्होंने तकनीक को साहित्य की सेवा का माध्यम बनाया, जिससे हिंदी की सीमाएं सात समंदर पार तक फैली हैं।

पुरस्कार केवल उपलब्धि नहीं, बल्कि समाज की ओर से दी गई पावती होते हैं। डॉ. तारा सिंह को प्राप्त हुए 260 पुरस्कार, उनकी साधना की व्यापकता को प्रमाणित करते हैं | 'वर्ल्ड लाइफ टाइम अचीवमेंट अवार्ड' और 'एशिया पैसिफिक इंटरनेशनल अवार्ड' ने सिद्ध किया कि उनकी रचनाओं में व्यक्त संवेदना वैश्विक है।

राष्ट्रीय सम्मानः 'भारती रत्न' और 'राजीव गांधी अवार्ड' उनके सामाजिक योगदान के साक्षी हैं। यदि हम डॉ. तारा जी की तुलना पूर्ववर्ती छायावादी कवियों से करें, तो हम पाते हैं कि उनमें प्रसाद की दार्शनिकता, पंत की प्रकृति-सुषमा और महादेवी की वेदना का एक अद्भुत मिश्रण है, लेकिन उनकी अपनी मौलिकता 'यथार्थवाद' में थी। वे केवल बादलों में नहीं उड़ती थी, उनके पॉव 'जीवन की रेती' पर दृढ़ता से टिके थे। उनकी भाषा में एक विशेष 'लयात्मकता' है, जो उनकी संगीत के प्रति प्रेम से उपजी है। यही कारण है कि उनकी कविताओं को पढ़ते समय एक संगीत की गुंज पृष्ठभूमि में महसूस होती है।

अन्तरध्वनि के कारण अपने सन्निकट आने का सहज आमंत्रण देती लगती हैं और तभी हम पर खिलने-खुलने लगता है प्रीति तत्व में अन्तरनिहित मोहक माधुर्य। इन्हीं कामनाओं के साथ डॉक्टर (श्रीमती) तारा सिंह को नमन!

या देवी सर्वभूतेषुमातृरूपेण संस्थिता

नमस्तस्यै नमस्तस्यै नमस्तस्यै नमोनमः।

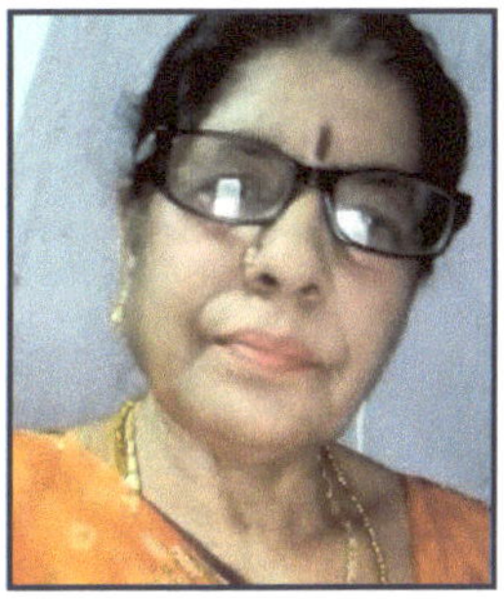

शाश्वत चक्र और जिजीविषा का द्वंद्व: 'दूतिका की' काव्यात्मक अंतर्यात्रा

डॉ ऊषा किरण श्रीवास्तव

दार्शनिक चेतना एवं वैचारिक पृष्ठभूमि में डॉ. तारा सिंह की विचारोत्तेजक काव्य-कृति 'दूतिका की' के पृष्ठ 52 पर संकलित कविताएँ मात्र शब्दों का ताना-बाना नहीं हैं, बल्कि वे मानवीय नियति, अस्तित्व के संकट और चेतना के गहन द्वंद्व को मुखरित करने वाला एक सुदृढ़ दार्शनिक दस्तावेज़ हैं। यहाँ संकलित काव्य-स्वर भावुकता के सतही धरातल से ऊपर उठकर गंभीर वैचारिक विमर्श की सृष्टि करते हैं। यह विस्तृत समीक्षा मुख्य रूप से पुस्तक में वर्णित दो परस्पर जुड़ी रचनाओं–प्रथम, "पंचतंत्र के सपूत" (जिसे 'मृत्तिका पुत्र से' भी अभिहित किया जा सकता है) तथा द्वितीय, उसकी अगली कड़ी के रूप में प्रस्तुत अनाम रचना (संभावित शीर्षक: 'जीवन-संग्राम' या 'मन की शिखा')–के अंतर्संबंधों, सौंदर्यशास्त्रीय बिम्बों और वैचारिक आयामों को उद्घाटित करती है। उच्च माध्यमिक (कक्षा 9 से 12) के बौद्धिक स्तर के अनुकूल यह काव्य-सृष्टि आधुनिक मनुष्य को प्रकृति के नियमों और अंतःकरण की ऊर्जा से पुनर्जीवित होने का मार्ग दिखाती है।

: "पंचतंत्र के सपूत" - प्रकृति का महाचक्र और वैराग्य-बोध

प्रथम कविता का मूल स्वर सांत्वना, दार्शनिक तटस्थता और शाश्वत सत्य की स्वीकृति है। यह कविता मूलतः भारत के उस व्यथित, दिग्भ्रमित, कुंठित और परेशान नागरिक को संबोधित है जो अपने वैयक्तिक दुखों को इतना विशाल मान बैठता है कि उसे संपूर्ण ब्रह्मांड उसके रुदन से व्यथित प्रतीत होने लगता है। कवयित्री इस संकीर्ण दृष्टिकोण पर चोट करती हैं और उसे समझाती हैं कि समष्टि के महाकैनवास पर व्यक्ति का दुख अत्यंत तुच्छ है।

कवयित्री प्रकृति के शाश्वत, निरवधि और अपरिवर्त्तनीय चक्र का उदाहरण प्रस्तुत करते हुए कहती हैं कि सूर्य का डूबना, उषा का आगमन और समुद्र की लहरों का निरंतर उठना-गिरना एक अटूट व्यवस्था है। इस वृहद् व्यवस्था में मृत्यु या परिवर्तन से भयभीत होना मनुष्य की

"मूर्खता" और अज्ञानता को दर्शाता है। जीवन क्षणभंगुर है, किंतु प्रकृति का यह चक्र अनंत है। सजीव बिम्ब-विधान: "पश्चिम की जलधि में तिल-तिलकर दिनमान को डूबता देख", "शिशिर कण बन छलकता, कोमल उषा की पलकों पर" इन पंक्तियों में सूर्यास्त और ओस की बूंदों का जो मानवीकरण किया गया है, वह अद्भुत है। डूबता हुआ सूर्य और ओस के रूप में छलकती उषा की पलकें प्रकृति की संवेदनशीलता को सजीव कर देती हैं| कवयित्री ने मनुष्य को "मृत्तिका पुत्र" (मिट्टी का पुत्र, मिट्टी का क्षीर पीने वाला) कहकर पुकारा है। यह पंक्ति नश्वरता का सबसे सशक्त बिम्ब प्रस्तुत करती है। जब हमारी उत्पत्ति मिट्टी से हुई है और अंततः हमें मिट्टी में ही विलीन हो जाना है, तो फिर यह 'लाली का भ्रम' यानी सांसारिक उपलब्धियों और अहंकार का झूठा राग कैसा?

कविता की शैली मुक्त छंद होने के बावजूद आंतरिक प्रवाह से समृद्ध है। इसमें प्रयुक्त प्रश्नवाचक शैली, जैसे–"तुम क्यों हो हैरान", "खोलता क्यों आकाश"–पाठक को केवल भावविभोर नहीं करती, बल्कि उसे दार्शनिक चिंतन के लिए विवश करती है। यह दर्शन श्रीमद्भगवद्गीता के द्वितीय अध्याय के श्लोक "न जायते म्रियते वा कदाचित्..." के अत्यंत निकट है, जो आत्मा की अमरता और शरीर की नश्वरता का प्रतिपादन करता है। "पंचतंत्र" का उल्लेख कर कवयित्री भारतीय ज्ञान-परंपरा को पुनर्जीवित करती हैं, जहाँ प्राचीन काल से ही कथाओं और व्यावहारिक नीतियों के माध्यम से जीवन का सार, धैर्य और विवेक सिखाया जाता रहा है। पंचतंत्र का वास्तविक सपूत वही है जो नीति और विवेक से जिए, न कि क्षणिक संवेगों से विचलित हो।

डॉ. तारा सिंह की इसी कड़ी की अगली अनाम रचना (जिसे भाव के आधार पर 'जीवन-संग्राम' या 'मन की शिखा' नाम दिया जा सकता है) में वैचारिक मोड़ आता है। जहाँ पहली कविता सांत्वना और वैराग्य देती है, वहीं यह दूसरी रचना मनुष्य के संघर्ष और उसके भीतर की "आग" को बचाए रखने की जिद का शंखनाद करती है। यह कविता मानती है कि संसार में टिकने के लिए कोई सुभीता या आसान रास्ता नहीं है; संघर्ष ही अस्तित्व की एकमात्र शर्त है।

"मन की शिखा बुझा दो, जबकि वह यह भलीभाँति जानता, आग बुझा देने से पौरुष शेष को वह नहीं रख पायेगा जिंदा"

कवयित्री का तर्क है कि मनुष्य भले ही सहस्रों-अरबों वर्षों के अज्ञान, अवसाद और बाह्य अंधकार से घिरा हो, किंतु उसके अंतस में जो 'शिखा' (जिजीविषा, संघर्ष-चेतना, पौरुष) जल रही है, उसे किसी भी परिस्थिति में बुझने नहीं देना है। दुनिया भले ही हार मानने या शांत हो जाने को कहे, परंतु यदि यह आंतरिक अग्नि बुझ गई, तो मनुष्य केवल एक हाड़-मांस का ढांचा यानी "जिंदा लाश" बनकर रह जाएगा।

कविता के अंतिम बंद में यह दार्शनिक भाव अपने चरमोत्कर्ष पर पहुँचता है: "तरल अग्नि की दौड़ लगी है सबके भीतर... टिकने को कब मिला यहाँ, किसी को सुभीता"। कवयित्री स्पष्ट करती हैं कि संघर्ष केवल मनुष्य की नियति नहीं है, बल्कि संपूर्ण ब्रह्मांड ही एक वृहद् संघर्ष-क्षेत्र है। रवि, शशि और नक्षत्र तक इस बेचैनी से अछूते नहीं हैं। हिम-नग (हिमालय) स्वयं गलकर नदी बनता है और उदधि (समुद्र) के भीतर भी बड़वानल (ज्वाला) जलती है। जब पूरी प्रकृति क्रियाशील, बेचैन और रूपांतरण की आग में तप रही है, तो फिर मिट्टी का बना यह मनुष्य अकर्मण्य और शांत कैसे बैठ सकता है?

यहाँ "चकोर के प्रति शशि की निर्ममता" और "उदधि बना मरुभूमि" जैसे बिम्ब छायावादी कवियों की याद दिलाते हैं। चंद्रमा चकोर को तड़पाकर ही अपनी सुंदरता सिद्ध करता है, जो जीवन के द्वंद्व और निष्ठुर यथार्थ को दर्शाता है। प्रश्नवाचक शैली ("अश्रु झर-झरकर क्यों झड़ता", "शोर क्यों मचाता") पाठक से सीधा संवाद स्थापित करती है। वहीं, "कलिका तुम्हारे कलेजे की नहीं जाती" जैसी पंक्तियाँ मानवीय मन की जड़ता और संवेदनशून्यता पर करारा प्रहार करती हैं।

ये दोनों कविताएँ वास्तव में एक ही सिक्के के दो पहलू हैं। जहाँ पहली कविता जीवन के सत्य को स्वीकार कर 'शांति' और 'वैराग्य' की ओर ले जाती है, वहीं दूसरी कविता विपरीत

परिस्थितियों के विरुद्‌ध 'विद्रोह' और 'कर्म' की प्रेरणा देती है। गीता के संदर्भ में देखें तो पहली कविता सांख्य योग (ज्ञान) के निकट है, और दूसरी कर्म योग के।

तुलनात्मक बिंदु कविता १: "पंचतंत्र के सपूत" (मृत्तिका पुत्र से) कविता २: अनाम रचना ('मन की शिखा' / 'जीवन-संग्राम') केंद्रीय दर्शन स्वीकृति, समर्पण और महाचक्र के सम्मुख वैराग्य। मृत्यु को सहज स्वीकार करना। विद्रोह, अदम्य जिजीविषा और पुरुषार्थ। परिस्थितियों के विरुद्‌ध निरंतर संघर्ष।

प्रकृति का स्वरूप सांत्वनादायक और मार्गदर्शक (उषा की पलकें, लहरों का उठना-गिरना, सूर्य का नियम)। स्वयं संघर्षरत और अशांत (हिम का गलना, समुद्र की अंतर्निहित ज्वाला)। मानवीय संबोधन "मूर्ख हो तुम" - नश्वर शरीर और झूठी लाली का भ्रम त्यागने की सीख। "पौरुष शेष" - आंतरिक शिखा को बुझने न देने और जिंदा लाश न बनने का आह्वान। काव्य शैली एवं रस शांत एवं करुण रस का दार्शनिक पुट, मुक्त छंद, विचारात्मक प्रवाह। वीर और रौद्र रस की अंतर्धारा, छायावादी बिम्ब-विधान, तीव्र संवेगात्मक संवाद है।

शिल्प की दृष्टि से डॉ. तारा सिंह की भाषा अत्यंत समृद्‌ध, संस्कृतनिष्ठ और तत्सम प्रधान है। दोनों रचनाओं में प्रयुक्त शब्दावली—जैसे व्यथित, जलधि, दिनमान, अवनि, उर्ध्व, निष्ठुर नियति, निरवधि, कलुष, पौरुष शेष, विरही, उदधि, व्यथामय अवसान—कविता को एक गंभीर गरिमा प्रदान करती है।

हमें अपने भीतर की 'मन की शिखा' और 'पौरुष' को तब तक जलाए रखना है, जब तक कि इस जीवन-संग्राम का अंतिम अवसान न हो जाए। यह द्‌वंद्‌व ही इस सृष्टि का और इस काव्य का वास्तविक सौंदर्य है।: 'दूतिका की' का पृष्ठ 52 भारतीय मनीषा और आधुनिक चेतना का एक सुंदर संगम है। यह काव्य-पाठकों को वैराग्य के विवेक के साथ-साथ कर्म के रणक्षेत्र में डटे रहने की अद्‌वितीय प्रेरणा प्रदान करता है।

समकालीन हिंदी साहित्य एवं वैश्विक पटल पर डॉ तारा सिंह

सत्येन्द्र कुमार पाठक

साहित्य किसी भी जीवंत समाज का वह दर्पण होता है जिसमें उसका अतीत, वर्तमान और भविष्य एक साथ प्रतिबिंबित होते हैं। इस दर्पण को माँजने, संवारने और उसे वैश्विक दीप्ति प्रदान करने का कार्य वे मनीषी करते हैं, जो अपना संपूर्ण जीवन शब्द-साधना के चरणों में अर्पित कर देते हैं। समकालीन भारतीय वाङ्मय, हिंदी पत्रकारिता, संपादन तथा सामाजिक पुनरुत्थान के परिदृश्य में डॉ. तारा सिंह एक ऐसा ही दैदीप्यमान और विरल नक्षत्र हैं। उनका जीवन और उनकी रचनात्मक यात्रा केवल व्यक्तिगत उपलब्धियों की कहानी नहीं है, बल्कि वह हिंदी भाषा के वैश्विक विस्तार और भारतीय प्रज्ञा के अंतर्राष्ट्रीय उत्कर्ष का एक पूरा प्रामाणिक कालखंड है।

डॉ. तारा सिंह को प्राप्त २६० सम्मान, राष्ट्रीय-अंतर्राष्ट्रीय पुरस्कार, पदक एवं मानद उपाधियाँ इस बात का अकाट्य दस्तावेज़ हैं कि उनकी मेधा और कर्मठता को देश-विदेश की शीर्षतम संस्थाओं ने मुक्त कंठ से स्वीकार किया है। अमरीका के बायोग्राफिकल इंस्टीट्यूट से लेकर भारत के सुदूर दक्षिण (तमिलनाडु), पश्चिम (गोवा, महाराष्ट्र), उत्तर (पंजाब, उत्तराखंड) और पूर्वी अंचलों (बिहार, पश्चिम बंगाल) तक, शायद ही कोई ऐसा भाषाई या सांस्कृतिक क्षेत्र होगा जहाँ डॉ. तारा सिंह की शब्द-गंध न पहुँची हो। प्रस्तुत विस्तृत समीक्षात्मक आलेख में डॉ. तारा सिंह को प्राप्त इन अलंकरणों का वर्गीकरण करते हुए उनके साहित्यिक, अकादमिक, संपादकीय तथा सामाजिक अवदान का गहन, वस्तुनिष्ठ और तार्किक मूल्यांकन किया गया है।

किसी भी रचनाकार या विचारक की महत्ता तब और अधिक व्यापक हो जाती है जब उसकी गूँज अपनी प्रांतीय या राष्ट्रीय सीमाओं को लाँघकर अंतर्राष्ट्रीय धरातल पर सुनाई देने लगती है। डॉ. तारा सिंह ने वैश्विक पटल पर भारत और हिंदी भाषा का मस्तक अत्यंत ऊँचा किया

है। उन्हें प्राप्त अंतर्राष्ट्रीय अलंकरणों की प्रकृति और प्रभाव का विश्लेषण निम्नलिखित बिंदुओं के अंतर्गत किया जा सकता है:

अमेरिकी बायोग्राफिकल इंस्टीट्यूट (ABI) के वैश्विक सम्मान - अमरीका की इस प्रतिष्ठित संस्था ने डॉ. तारा सिंह की प्रतिभा को इक्कीसवीं सदी के प्रथम दशक में ही पहचान लिया था। संस्था द्वारा उन्हें प्रदान किए गए सम्मान असाधारण हैं:।'वर्ल्ड लाइफटाइम अवार्ड, २००७': यह पुरस्कार किसी व्यक्ति को उसके जीवनभर के संचित अवदान, विश्व मानवता के प्रति उसकी दृष्टि और उसके बौद्धिक प्रभाव के लिए दिया जाता है। डॉ. सिंह को यह मिलना वैश्विक स्तर पर उनकी विद्वता की सर्वोच्च स्वीकार्यता है। 'विमेन ऑफ द ईयर अवार्ड' (२००७ एवं २००९): वर्ष २००९ में उन्हें "भारत का प्रतिनिधित्व करते हुए" (Representing India) इस सम्मान से नवाजा गया। यह केवल एक स्त्री रचनाकार का सम्मान नहीं था, बल्कि वैश्विक मंच पर भारत की आधी आबादी की बौद्धिक क्षमता और नेतृत्वकारी भूमिका का उद्घोष था।

समकालीन वैश्विक कीर्तिमान और अकादमिक संस्थाएँ - Rifacimento International (नई दिल्ली): इस अंतर्राष्ट्रीय ख्यातिप्राप्त संस्था ने डॉ. सिंह को वर्ष २०२१ में 'ग्लोबल अचीवमेंट अवार्ड' तथा हाल ही में वर्ष २०२४ में 'आइकन ऑफ द ईयर अवार्ड' (Icon of the Year Award 2024) से विभूषित किया है। 'आइकन' शब्द अपने आप में यह स्पष्ट करता है कि वे वर्तमान दौर में साहित्य और विचार के क्षेत्र में एक आदर्श (रोल मॉडल) बन चुकी हैं। वर्ल्ड्स ग्रेटेस्ट रिकॉर्ड्स (WGR - 2022): वर्ष २०२२ में उन्हें 'वर्ल्ड्स ग्रेटेस्ट रिकॉर्ड सर्टिफिकेट' प्राप्त हुआ। यह इस बात का प्रमाण है कि इतनी बड़ी संख्या में प्रामाणिक अलंकरण, उपाधियाँ और निरंतर सृजनशीलता अपने आप में एक विश्व कीर्तिमान की श्रेणी में आता है। पड़ोसी देशों व वैश्विक मंचों पर प्रभाव: दी इकोनॉमिक ग्रोथ सोसाइटी ऑफ इंडिया द्वारा काठमांडू में आयोजित समारोह में उन्हें 'भारत नेपाल सद्भावना अवार्ड २०१०' दिया गया। इसके अलावा बैंकॉक (थाईलैंड) में 'ग्लोबल अचीवर्स अवार्ड' और ताशकंद ग्लोबल फाउंडेशन द्वारा 'एशिया पैसिफिक इंटरनेशनल अवार्ड २०१२' से उन्हें अलंकृत किया गया। ये पुरस्कार

सिद्ध करते हैं कि डॉ. तारा सिंह ने सार्क (SAARC) देशों तथा दक्षिण-पूर्वी एशियाई देशों के बीच सांस्कृतिक और भाषाई सेतु के निर्माण में एक महती भूमिका निभाई है।

राष्ट्रीय गौरव एवं नागरिक सम्मान: राष्ट्र की अमूल्य धरोहर - डॉ. तारा सिंह की राष्ट्रीय स्वीकार्यता अत्यंत व्यापक और गरिमामयी है। भारत के नीति-निर्धारकों, बौद्धिक संगठनों और राष्ट्रीय स्तर के मंचों ने उन्हें समय-समय पर देश के शीर्ष नागरिक और बौद्धिक सम्मानों से नवाजा है।

राष्ट्रीय नेतृत्व और एकता के प्रतीक पुरस्कार - राजीव गांधी एक्सीलेंस अवार्ड (२००८): 'इंडिया इंटरनेशनल फ्रेंडशिप सोसाइटी' द्वारा प्रदत्त यह सम्मान देश के प्रति विशिष्ट सेवाओं और अपनी विधा में शीर्षस्थ योगदान के लिए दिया जाता है। डॉ. सिंह का यह सम्मान उनके राष्ट्रीय कद को दर्शाता है। भारत ज्योति अवार्ड (२००८) एवं राष्ट्रीय विकास रत्न अवार्ड (२०१०): ये पुरस्कार देश के सामाजिक-बौद्धिक विकास (Intellectual Development) में उनके योगदान को प्रमाणित करते हैं।

देश के 'रत्न' के रूप में प्रतिष्ठा - ज्वेल ऑफ इंडिया अवार्ड २०२२ (पदक सहित): 'इकोनॉमिक ग्रोथ फाउंडेशन' द्वारा दिया गया यह सम्मान इस बात का साक्ष्य है कि डॉ. तारा सिंह के कृतित्व को राष्ट्र की एक 'अमूल्य मणि' या धरोहर माना गया है। ग्लोरी ऑफ इंडिया अवार्ड (२०१३) एवं बेस्ट सिटिजन्स ऑफ इंडिया अवार्ड (२००८): 'इंटरनेशनल पब्लिशिंग हाउस' द्वारा दिया गया यह पुरस्कार उन्हें देश के सबसे प्रबुद्ध, अनुशासित और समर्पित नागरिकों की श्रेणी में ला खड़ा करता है।

पारंपरिक और उच्च अकादमिक मानदोपाधियाँ: ज्ञान का अगाध महासागर - डॉ. तारा सिंह केवल लोक-प्रिय लेखिका नहीं हैं, बल्कि वे एक गंभीर अध्येता, शोधकर्ता और विदुषी हैं। देश के विभिन्न पारंपरिक विद्यापीठों और अकादमिक परिषदों ने उनकी इस विद्वता को पहचानते हुए उन्हें सर्वोच्च मानद उपाधियाँ (Honorary Doctorates) प्रदान की हैं, जो आमतौर पर अत्यंत दुर्लभ मानी जाती हैं।

डी.लिट. (Doctor of Letters) की बहुआयामी उपाधियाँ - साहित्यिक और अकादमिक जगत में 'डी.लिट.' को ज्ञान का सर्वोच्च शिखर माना जाता है। डॉ. तारा सिंह को अलग-अलग शीर्ष संस्थानों ने इस मानद उपाधि से एक से अधिक बार अलंकृत किया है: विद्या सागर (डी.लिट.) - विक्रमशिला हिंदी विद्यापीठ, भागलपुर: यह संस्थान हिंदी जगत में अपनी कठोर कसौटियों के लिए जाना जाता है। यहाँ से 'विद्या सागर' की उपाधि मिलना उनके ज्ञान की अगाधता को दिखाता है। विद्या सागर (डी.लिट.) - विश्व हिंदी सेवा संस्थान, इलाहाबाद: हिंदी के इस ऐतिहासिक गढ़ ने भी उन्हें इसी सर्वोच्च मानद उपाधि से नवाजा। विद्या सागर एवं विद्या वारिधि (डी.लिट.) - भारतीय साहित्यकार संसद, समस्तीपुर: इन संस्थाओं द्वारा बार-बार डॉ. सिंह को डी.लिट. की मानद उपाधियाँ देना यह सिद्ध करता है कि उनका शोधपरक और वैचारिक स्तर परंपरागत विश्वविद्यालयों के प्राध्यापकों से भी ऊँचा है। साहित्य वारिधि (डी.लिट.) - सा. सां. कला संगम अकादमी, प्रतापगढ़: यह उपाधि उनके रचनात्मक साहित्य (Creative Literature) और शास्त्र दोनों के समन्वय का सम्मान है।

पी-एच.डी. एवं विद्या वाचस्पति उपाधियाँ में इंसटिट्यूट ऑफ ओरिएंटल हेरिटेज, कोलकाता द्वारा उन्हें 'पी-एच.डी., ओरिएंटल लर्निंग' की उपाधि दी गई। यह दर्शाता है कि डॉ. सिंह का ज्ञान केवल आधुनिक हिंदी तक सीमित नहीं है, बल्कि वे भारत की प्राचीन ज्ञान परंपरा, प्राच्य विद्या और सांस्कृतिक विरासत की भी गहरी पारखी हैं। विक्रमशिला हिंदी विद्यापीठ तथा प्रतापगढ़ की अकादमी द्वारा उन्हें 'विद्या वाचस्पति' की उपाधि दी गई, जो उनके निरंतर जारी शोधपरक लेखन को प्रमाणित करती है।

साहित्य, काव्य एवं विधागत अलंकरण: शब्द-साधना का शिखर - डॉ. तारा सिंह की आत्मा मूलतः साहित्य और काव्य में बसती है। उनकी रचनाओं में भावों की गहनता, छंदों का अनुशासन, आधुनिक विमर्श और लोक-संस्कृति का अद्भुत कोलाज देखने को मिलता है। यही कारण है कि देश की हिंदी सेवी संस्थाओं ने उन्हें साहित्य जगत के सर्वोच्च उपाधियों से विभूषित किया है।१. साहित्य महोपाध्याय (२०१०) हिंदी साहित्य सम्मेलन, प्रयाग (शताब्दी समारोह) हिंदी जगत की सबसे ऐतिहासिक पीठ द्वारा दिया गया सर्वोच्च सम्मान

, २ साहित्य महामहोपाध्याय भारतीय साहित्यकार संसद विद्वता और आचार्यत्व की पराकाष्ठा का प्रतीक , ३ साहित्य सेवी सम्मान बिहार राष्ट्रभाषा परिषद (बिहार सरकार)

शासकीय स्तर पर रु. ११,०००/- की सम्मान राशि के साथ मान्यता , ४ श्री दीपचन्द जैन पुरस्कार (२०१०), राजस्थान रत्नाकर संस्था, दिल्ली रु. १५,०००/- की राशि के साथ संस्था का सर्वोच्च सम्मान , ५ कवि कुलाचार्य एवं कवि सम्राट

अखिल भारतीय साहित्य संगम, उदयपुर काव्य कला में असाधारण नेतृत्व और अधिकार का सूचक , ६ साहित्य मार्तण्ड सा. सां. कला संगम अकादमी, प्रतापगढ़

साहित्य के सूर्य के समान दैदीप्यमान होने की उपाधि है।

ऐतिहासिक पूर्वजों के नाम पर प्राप्त स्मृति सम्मान

डॉ. तारा सिंह की लेखनी में छायावाद की तरलता, प्रगतिवाद की चेतना और संत काव्य का आत्मबोध एक साथ दिखाई देता है। यही कारण है कि उन्हें हिंदी साहित्य के अमर पुरोधाओं के नाम पर स्थापित लगभग सभी प्रतिष्ठित सम्मान प्राप्त हुए हैं: आचार्य हजारी प्रसाद द्विवेदी सम्मान (पटियाला): उनके निबंधात्मक और आलोचनात्मक दृष्टिकोण के लिए। निराला सम्मान (जमालपुर, बिहार) एवं निराला स्मृति रजत सम्मान (खगड़िया): उनकी कविताओं में मौजूद ओज, विद्रोही चेतना और छंद-मुक्ति के अनूठे प्रयोगों के लिए। महादेवी वर्मा सम्मान (मथुरा) एवं कवयित्री महादेवी वर्मा सम्मान (इलाहाबाद): उनके गीतों में समाहित गहरी संवेदना, करुणा और दार्शनिक विरह के लिए। तुलसी सम्मान २००७ (मध्य प्रदेश तुलसी साहित्य अकादमी, भोपाल): रामकाव्य या लोक-मंगल की भावना से ओतप्रोत उनके लेखन के लिए। संत कवि कबीर पुरस्कार (इन्दौर): उनके निर्भीक, पाखंड-विरोधी और सामाजिक समरसता को बढ़ावा देने वाले लेखन के लिए। सुभद्रा कुमारी चौहान सम्मान (महाराष्ट्र एवं इलाहाबाद): राष्ट्रभक्ति, ओज और बाल-मनोविज्ञान या सरल भावभूमि पर आधारित रचनाओं के लिए।।भीष्म साहनी शतवार्षिकी सम्मान पुरस्कार (देवघर, झारखंड): कथा साहित्य और प्रगतिशील सामाजिक चेतना के प्रति उनकी प्रतिबद्धता के लिए। भारतेन्दु हरिश्चंद्र स्मृति रजत सम्मान (खगड़िया): आधुनिक हिंदी और रंगमंच/गद्य के प्रति उनके अनुराग के लिए।

संपादन, पत्रकारिता एवं नेतृत्व क्षमता: कुशल मार्गदर्शिका - एक श्रेष्ठ रचनाकार होना एक बात है, लेकिन एक श्रेष्ठ संपादक और मार्गदर्शक होना उससे कहीं अधिक कठिन कार्य है। संपादक को दूसरों की प्रतिभा को निखारना होता है, भाषा को संस्कारित करना होता है और समाज को दिशा देनी होती है। डॉ. तारा सिंह ने इस मोर्चे पर भी अभूतपूर्व सफलता प्राप्त की है।

अंतर्राष्ट्रीय संपादन सम्मान - Best Outstanding Editor International Award 2021: तमिलनाडु के 'कामराजार इंस्टीट्यूट ऑफ एजुकेशन एंड रिसर्च' द्वारा उन्हें इस अंतर्राष्ट्रीय सम्मान से नवाजा गया। यह इस बात का वैश्विक प्रमाण है कि डॉ. तारा सिंह की संपादन कला, चयन-दृष्टि और भाषाई शुद्धता अंतर्राष्ट्रीय मानकों पर खरी उतरती है। 'सम्पादक श्री' (देवसुधा पत्रिका, शाहजहाँपुर): पत्रिका संपादन के क्षेत्र में उनके दीर्घकालिक और मूल्य-आधारित योगदान के लिए उन्हें इस गरिमामयी उपाधि से अलंकृत किया गया।

उत्कृष्ट पत्रकारिता और नेतृत्व - Excellence Leadership Award 2024: 'Reguerdon Inc. (दिल्ली)' द्वारा प्रदान किया गया यह पुरस्कार उनके सांगठनिक कौशल, बौद्धिक नेतृत्व और वैचारिक दृढ़ता को रेखांकित करता है। राष्ट्रीय पत्रकारिता सम्मान २०११ (भोपाल): 'अखिल भारतीय स्मॉल पेपर्स एसोसिएशन' द्वारा दिया गया यह सम्मान सिद्ध करता है कि डॉ. सिंह ने मुख्यधारा के बड़े समाचार पत्रों से इतर, छोटे और मध्यम समाचार पत्रों (जो वास्तविक जन-आवाज होते हैं) को वैचारिक संबल प्रदान किया। IMWA अवार्ड २०१६: 'इंडियन मीडिया वेलफेयर एसोसिएशन (नई दिल्ली)' द्वारा दिया गया यह पुरस्कार उनके मीडिया-सरोकारों और पत्रकारिता के क्षेत्र में उनके नैतिक मूल्यों की पुनर्स्थापना का सम्मान है।

सामाजिक चेतना, महिला सशक्तिकरण एवं हाशिए का विमर्श - डॉ. तारा सिंह का साहित्य केवल 'स्वांतः सुखाय' (स्वयं के सुख के लिए) या 'कला कला के लिए' के सिद्धांत पर आधारित नहीं है। उनका लेखन समाज के सबसे अंतिम पायदान पर खड़े व्यक्ति की पीड़ा को अपनी आवाज बनाता है। वे महिला अधिकारों और वंचितों के उत्थान के लिए धरातल पर कार्य करने वाली एक्टिविस्ट-लेखिका हैं।

महिला सशक्तिकरण की प्रखर आवाज - मिनी माता महिला सशक्तिकरण अवार्ड २०१४ (छत्तीसगढ़): मिनी माता स्वतंत्र भारत की पहली महिला सांसदों में से एक थीं और उन्होंने दलित-महिला उत्थान के लिए अभूतपूर्व कार्य किए थे। उनके नाम पर डॉ. सिंह को मिला यह पुरस्कार उनके सामाजिक अवदान की गहराई को दर्शाता है। हिमाक्षरा नारी गौरव सम्मान (गोवा) एवं आदर्श महिला पुरस्कार २०१० (कराड, महाराष्ट्र): 'हुतात्मा अपंग बहुउद्देशीय विकास कल्याणकारी संस्था' द्वारा संपूर्ण भारत के कार्यक्षेत्र के आधार पर उन्हें यह पुरस्कार दिया गया, जो यह प्रमाणित करता है कि उन्होंने शारीरिक रूप से अक्षम (दिव्यांगों) और असहाय महिलाओं के पुनर्वास और उनकी आवाज को मुख्यधारा में लाने के लिए अपनी लेखनी का भरपूर उपयोग किया। वेस्ट विमेन ऑफ द ईयर अवार्ड २००९: 'ऑल इंडिया विमेंस एसोसिएशन (इलाहाबाद)' द्वारा दिया गया यह सम्मान उनके स्त्री-विमर्श के व्यावहारिक पक्ष को पुष्ट करता है।

वीरांगना सावित्री बाई फुले फेलोशिप अवार्ड: 'भारतीय दलित साहित्य अकादमी (दिल्ली)' द्वारा प्रदत्त यह फेलोशिप इस बात का सूचक है कि डॉ. तारा सिंह ने भारत में स्त्री-शिक्षा की जनक सावित्रीबाई फुले के विचारों को आगे बढ़ाते हुए शोषितों और वंचितों के शैक्षिक अधिकारों की वकालत की है। डॉ. बाबा साहेब आम्बेडकर साहित्य रत्न पुरस्कार (इन्दौर): संविधान निर्माता बाबा साहेब आम्बेडकर के सामाजिक न्याय के सिद्धांत को साहित्य में उतारने के लिए उन्हें इस प्रतिष्ठित पुरस्कार से सम्मानित किया गया। पंचशील शिरोमणि एवं सम्मान शिरोमणि: 'अखिल भारतीय सि. स. से. सो. (नई दिल्ली)' द्वारा दिए गए ये अलंकरण उनके धर्मनिरपेक्ष, शांतिवादी और मानवीय मूल्यों के प्रति उनके अगाध विश्वास के प्रतीक हैं। डॉ. तारा सिंह की सबसे बड़ी विशेषता यह है कि उन्हें किसी एक राज्य या अंचल में सीमित नहीं किया जा सकता। भारत की बहुसांस्कृतिक और बहुभाषी छवि उनके पुरस्कारों की भौगोलिक विविधता में साफ दिखाई देती है। दक्षिण भारत (तमिलनाडु/चेन्नई): 'कामराजार इंस्टीट्यूट' से दो बार राष्ट्रीय और अंतर्राष्ट्रीय पुरस्कार (२०२०, २०२१) और सालेम (चेन्नई) से 'शबरी अतुल हिंदी सेवी सम्मान' प्राप्त होना यह सिद्ध करता है कि उन्होंने गैर-हिंदी भाषी राज्यों में भी हिंदी

की स्वीकार्यता और लोकप्रियता को बढ़ाने का भगीरथ कार्य किया है। पश्चिम भारत (महाराष्ट्र/गोवा): कराड, कोल्हापुर (कोल्हापुर भूषण २०१०), वर्धा (साहित्य गौरव अवार्ड), मुंबई (राजभाषा महोपाध्याय, पूर्व-पश्चिम काव्य गौरव, मुंबई रत्न) और गोवा से प्राप्त लगातार सम्मान दर्शाते हैं कि छत्रपति शिवाजी महाराज की धरती और कोंकण तट पर भी उनकी साहित्यिक गूँज अत्यंत तीव्र है। मध्य भारत (मध्य प्रदेश/छत्तीसगढ़): भोपाल, इंदौर, ग्वालियर, दुर्ग (न्यू ऋतंभरा सद्भावना सम्मान, महिमा साहित्य मणि), खंडवा (सुरभि सा. संस्कृति अकादमी), और कवर्धा से प्राप्त दर्जनों पुरस्कार उनके मध्य भारतीय साहित्यिक प्रभाव को प्रमाणित करते हैं।

उत्तर एवं पूर्वी भारत (पंजाब/उत्तराखंड/बिहार/बंगाल): पटियाला, ऋषिकेश (हिमालय और हिंदुस्तान गौरव अवार्ड), देहरादून, पटना, भागलपुर, कोलकाता (रवीन्द्रनाथ ठाकुर सारस्वत साहित्य सम्मान) आदि शहरों से मिले अलंकरण उनकी अखिल भारतीय छवि का निर्माण करते हैं।

मानद उपाधियों की पारिभाषिक एवं सांस्कृतिक मीमांसा - डॉ. तारा सिंह को प्राप्त उपाधियों के नाम केवल प्रशंसात्मक शब्द नहीं हैं, बल्कि वे भारतीय ज्ञान परंपरा के विशिष्ट पारिभाषिक शब्द हैं। इन शब्दों का अपना एक सांस्कृतिक और शास्त्रीय महत्व है: 'साहित्य महोपाध्याय' का अर्थ है - साहित्य का वह महान आचार्य या उपाध्याय जिसके पास न केवल सृजन की क्षमता हो, बल्कि जो दूसरों को शिक्षित और दीक्षित करने का अधिकार रखता हो।

'विद्या वारिधि' का अर्थ है - विद्या का समुद्र। यह उपाधि ज्ञान की उस स्थिति को दर्शाती है जहाँ पहुँचकर विधाओं की सीमाएँ समाप्त हो जाती हैं और ज्ञान अखंड हो जाता है।।'कलम कलाधर' और 'अक्षर शिल्पी' जैसी उपाधियाँ स्पष्ट करती हैं कि डॉ. सिंह शब्दों के चयन और उनके विन्यास में एक कुशल शिल्पी की तरह हैं, जो भाषा को तराश कर उसे जीवंत मूर्ति में बदल देती हैं।'शब्द विभूषण' यह प्रमाणित करता है कि उन्होंने शब्दों को केवल माध्यम नहीं माना, बल्कि शब्द को ब्रह्म (शब्द ब्रह्म) मानकर उसकी उपासना की है।

. डॉ. तारा सिंह के कृतित्व का वैचारिक एवं दार्शनिक क्षेत्रों में २६० सम्मानों की इस दीर्घ श्रृंखला के पीछे छिपे वैचारिक दर्शन को समझना अत्यंत आवश्यक है। जब हम इन सम्मानों के अंतर्निहित संदेशों का विश्लेषण करते हैं, तो डॉ. तारा सिंह के व्यक्तित्व के तीन मुख्य आयाम उभरकर सामने आते हैं । उनकी रचनाओं और सम्मानों (जैसे 'समन्वय श्री' - भोपाल) से स्पष्ट है कि वे समाज को तोड़ने में नहीं, बल्कि जोड़ने में विश्वास रखती हैं। वे कबीर के अक्खड़पन और तुलसी के लोक-मंगल, दोनों को एक साथ साधने वाली रचनाकार हैं। एक तरफ वे प्राचीन प्राच्य विद्या (ओरिएंटल हेरिटेज) से जुड़ी हैं, तो दूसरी तरफ वे आधुनिकतम मीडिया (IMWA) और वैश्विक रिकॉर्ड्स (WGR) के साथ कदमताल कर रही हैं।. राष्ट्रभाषा और राजभाषा के प्रति निष्ठा - जयपुर में प्राप्त 'अखिल भारतीय राजभाषा कार्यान्वयन पुरस्कार २००९' और मुंबई का 'राजभाषा महोपाध्याय' अलंकरण यह दिखाता है कि उन्होंने हिंदी को केवल कविता की भाषा नहीं बनाया, बल्कि उसे सरकारी कामकाज, विज्ञान, तकनीक और प्रशासन की भाषा (राजभाषा) के रूप में स्थापित करने के लिए व्यावहारिक आंदोलन भी चलाए।

पुरस्कार राशि का लोक-कल्याण में विनियोग में स्पष्ट है कि बिहार राष्ट्रभाषा परिषद (रु. ११,०००/-) और राजस्थान रत्नाकर (रु. १५,०००/-) जैसे पुरस्कारों के साथ उन्हें मानदेय और नकद राशियाँ भी प्राप्त हुईं। डॉ. सिंह का जीवन गवाह है कि उन्होंने इन पुरस्कार राशियों का उपयोग सदैव साहित्य के संवर्धन, गरीब छात्रों की सहायता और हिंदी के प्रचार-प्रसार के लिए किया है, जो उन्हें एक वास्तविक 'साहित्य-योगी' बनाता है।

कालजयी साधना का शाश्वत कीर्ति-स्तंभ डॉ. तारा सिंह को प्राप्त २६० सम्मान, पुरस्कार, पदक और मानद उपाधियाँ महज़ किसी एक व्यक्ति के जीवन का लेखा-जोखा या संख्याओं का कोई शुष्क आँकड़ा नहीं हैं। यह आधुनिक भारत के भाषाई और सांस्कृतिक इतिहास का एक उज्ज्वल और स्वर्णिम अध्याय है। यह इस बात का जीवंत प्रमाण है कि यदि कोई साधक बिना किसी प्रचार-लोभ के, पूरी निष्ठा, ईमानदारी और समर्पण के साथ 'शब्द' की साधना करे, तो संपूर्ण विश्व स्वतः उसके चरणों में नतमस्तक हो जाता है। वैश्विक मंचों से

लेकर देश के सुदूर ग्रामीण अंचलों तक की संस्थाओं द्वारा डॉ. तारा सिंह को सर-आँखों पर बिठाना यह सिद्ध करता है कि उनका कृतित्व कालजयी है। वे वर्तमान युग में हिंदी की वह 'अक्षय कीर्ति-पताका' हैं, जिन्होंने भाषा को संस्कार, समाज को दिशा, पीड़ितों को आवाज और राष्ट्र को एक नई बौद्धिक चेतना प्रदान की है। उनका यह गौरवमयी सफर आने वाली कई पीढ़ियों के रचनाकारों, शोधकर्ताओं, संपादकों और सामाजिक कार्यकर्ताओं के लिए एक प्रकाश-स्तंभ (Lighthouse) की तरह कार्य करेगा, जो उन्हें निरंतर सत्य, शिव और सुंदर के मार्ग पर चलने की प्रेरणा देता रहेगा। डॉ. तारा सिंह सचमुच भारतीय वाङ्मय की एक ऐसी 'भारती रत्न' हैं जिन पर संपूर्ण राष्ट्र को गर्व है।

"महँगाई" आलेख की समीक्षा _लेखिका: डॉ. श्रीमती तारा सिंह, नवी मुम्बई_

डॉ सुखमंगल सिंह

1. विषय और प्रासंगिकता: 10/10

आजादी के 66 साल बाद भी महँगाई आम आदमी का सबसे बड़ा दर्द है। लेखिका ने संभवत : 2013-14 के दौर की महँगाई – प्याज ₹100/किलो, दाल-रोटी का दुर्लभ होना – को आधार बनाकर लिखा है। 2025 में भी मुद्दा उतना ही ज्वलंत है। इसलिए आलेख की प्रासंगिकता कालजयी है।

2. भाषा-शैली: 9/10

ताकत: भाषा तीखी, व्यंग्यात्मक और जनपदीय है। _"महँगाई घने वट-वृक्ष का रूप ले चुकी है, जिसका पत्ता-पत्ता विषैला है"_ या _"इन्सान की जान अभी तक सस्ती है; इतनी सस्ती कि सौ-दो सौ में भी बिक जाती है"_ – ये पंक्तियाँ सीधे दिल पर वार करती हैं। मुहावरे _"ढाक के तीन पात"_, _"आकाश कुसुम"_ का सटीक प्रयोग है।

3. तर्क और विश्लेषण: 8.5/10

लेखिका ने महँगाई के बहुआयामी कारण गिनाए हैं:

- *मानवीय*: जमाखोरी, मुनाफाखोरी, भ्रष्टाचार, नेताओं के गैर-जिम्मेदार बयान

- *नीतिगत*: दोषपूर्ण वितरण, योजनाओं में तालमेल की कमी, कर-वृद्धि

- *बाहरी*: तेल के दाम, प्राकृतिक आपदा

"एक ओर महँगाई आम लोगों के बच्चे तक बेचने को विवश करती है, दूसरी तरफ नए धनाढ्य पैदा करती है" – यह वर्गीय विषमता का सटीक चित्रण है।

4. समाधान की व्यावहारिकता: 8/10

सुझाव ठोस हैं:

1. *जनसंख्या नियंत्रण कानून* + दो बच्चे वालों को प्रोत्साहन

2. *जमाखोरी पर सख्त सजा* + ईमानदार निगरानी तंत्र

3. *उपभोक्ता आंदोलन* से अफवाहों पर रोक

4. *राजनीतिक स्थिरता* और संतुलित दृष्टिकोण

5. भावनात्मक प्रभाव: 9.5/10

आलेख गुस्सा, दर्द और व्यंग्य का मिश्रण है। _"यह मौत का काढ़ा है, पीते नहीं बनता और बिना पीये, जीते भी नहीं बनता"_ – आम आदमी की लाचारी को बखूबी उकेरती है। पाठक खुद को जुड़ा हुआ महसूस करता है।

समग्र मूल्यांकन: 9/10

खूबियाँ:

1. *जन-सरोकार*: औसत आदमी की पीड़ा केंद्र में है।

2. *बेबाकी*: सरकार, व्यापारी, नेता – किसी को नहीं बख्शा।

3. *व्यंग्य की धार*: "चंद्रमा पर महल बनवाने जा रहे हैं" जैसी पंक्तियाँ असरदार हैं।

4. *समग्र दृष्टि*: कारण से समाधान तक पूरी श्रृंखला छूती है।

निष्कर्ष

डॉ. तारा सिंह का यह आलेख महँगाई पर सिर्फ रुदन नहीं, एक सामाजिक दस्तावेज है। यह बताता है कि महँगाई सिर्फ आर्थिक नहीं, नैतिक और राजनीतिक बीमारी भी है। भाषा की आग और तर्क की स्पष्टता इसे अखबारी लेख से ऊपर उठाकर साहित्यिक निबंध बना देती है।

आज जब फिर से टमाटर-प्याज रुला रहे हैं, यह आलेख आईना दिखाता है – *"दिखावे की योजनाओं से नहीं, ईमानदार नीति और नीयत से ही महँगाई मरेगी।"*

किसके लिए पढ़ें: नीति-निर्माता, अर्थशास्त्र के छात्र, और हर वो व्यक्ति जो बाजार से खाली थैला लेकर लौटता है।

संवेदना की सशक्त सरस्वती ('स्वर्गविभा' का 'डॉ. तारा सिंह विशेषांक')

डॉ. शैलेश शुक्ला

'स्वर्गविभा' का 'डॉ. तारा सिंह विशेषांक' समकालीन हिंदी साहित्य की उस परंपरा का प्रतिनिधि दस्तावेज है, जिसमें साहित्य केवल रचना-कर्म नहीं रह जाता, बल्कि वह स्मृति, संवेदना, मूल्य और सांस्कृतिक उत्तरदायित्व का जीवंत अभिलेख बन जाता है। अक्टूबर-दिसंबर 2025 में प्रकाशित यह विशेषांक एक श्रद्धांजलि मात्र नहीं है, बल्कि हिंदी साहित्य की बहुआयामी रचनाकार डॉ. तारा सिंह के व्यक्तित्व और कृतित्व का व्यापक मूल्यांकन भी है। पत्रिका का सम्पूर्ण स्वर एक ओर भावनात्मक आत्मीयता से भरा हुआ है तो दूसरी ओर यह शोधपरक सामग्री, संस्मरणों, आलोचनात्मक आलेखों और साहित्यिक उपलब्धियों के माध्यम से डॉ. तारा सिंह के विराट साहित्यिक अवदान को व्यवस्थित रूप से प्रस्तुत करता है।

विशेषांक की सबसे बड़ी विशेषता इसका सुविचारित संपादकीय दृष्टिकोण है। प्रारंभिक संपादकीय 'शब्द-साधना का शिखर और ध्रुव तारा सा व्यक्तित्व' केवल औपचारिक श्रद्धांजलि नहीं है, बल्कि वह डॉ. तारा सिंह के साहित्य-दर्शन को समझने का आधार भी प्रस्तुत करता है। संपादकीय में यह स्पष्ट किया गया है कि उन्होंने 'स्वर्गविभा' को केवल पत्रिका नहीं रहने दिया, बल्कि उसे नवोदित और स्थापित साहित्यकारों के साझा मंच में परिवर्तित कर दिया। यह दृष्टि आज के साहित्यिक परिवेश में अत्यंत महत्त्वपूर्ण है, जहाँ मंचों का केंद्रीकरण बढ़ता जा रहा है और नवोदित प्रतिभाओं के लिए अवसर सीमित होते जा रहे हैं। संपादकीय की भाषा में श्रद्धा और साहित्यिक गरिमा का सुंदर संतुलन दिखाई देता है। "मिट्टी की काया है..." जैसी पंक्तियों के माध्यम से संपादक ने डॉ. तारा सिंह के जीवन-दर्शन को जिस आत्मीयता से प्रस्तुत किया है, वह पाठक को भावनात्मक रूप से जोड़ देता है।

पत्रिका का अनुक्रमणिका-विन्यास भी अत्यंत संतुलित और प्रभावकारी है। इसमें संस्मरण, आलोचनात्मक आलेख, साहित्यिक मूल्यांकन, रचनाएँ, उपलब्धियों का विवरण तथा अंतरराष्ट्रीय स्तर पर उनकी उपस्थिति जैसे विविध पक्षों को समाहित किया गया है। इससे यह विशेषांक केवल श्रद्धांजलि अंक न रहकर एक संपूर्ण साहित्यिक दस्तावेज बन जाता है। विशेष रूप से यह तथ्य उल्लेखनीय है कि पत्रिका में केवल प्रशंसात्मक भाव नहीं है, बल्कि विभिन्न लेखकों द्वारा उनके साहित्य की वैचारिक और कलात्मक विशेषताओं पर गंभीर चर्चा भी की गई है।

'विश्व प्रसिद्ध हिंदी छायावादी साहित्यकार, कलाकार एवं प्रधान संपादिका डॉ. तारा सिंह की विशिष्ट उपलब्धियाँ' शीर्षक आलेख विशेषांक का आधार-स्तंभ कहा जा सकता है। इसमें डॉ. तारा सिंह के साहित्यिक विकास, उनकी रचनात्मक दृष्टि और उनके सामाजिक सरोकारों का व्यापक चित्रण किया गया है। आलेख में यह रेखांकित किया गया है कि उनकी रचनाओं में प्रेम, करुणा, वात्सल्य, सामाजिक विषमता, नारी उत्पीड़न और मानवीय संवेदनाओं का अत्यंत प्रभावशाली चित्रण मिलता है। यह आलेख पाठकों को यह समझने में सहायता करता है कि डॉ. तारा सिंह केवल भावुक कवयित्री नहीं थीं, बल्कि वे एक सजग सामाजिक चिंतक भी थीं। उनके साहित्य में आदर्श और यथार्थ का संतुलन दिखाई देता है।

पत्रिका का सबसे प्रभावशाली पक्ष यह है कि इसमें डॉ. तारा सिंह के साहित्य को केवल उपलब्धियों के आधार पर नहीं आँका गया, बल्कि उनकी रचनात्मक चेतना को भी समझने का प्रयास किया गया है। 'आधुनिक छायावाद की शिखर चेतना' शीर्षक आलेख विशेष रूप से उल्लेखनीय है। इसमें सत्येन्द्र कुमार पाठक ने डॉ. तारा सिंह को आधुनिक छायावादी परंपरा की प्रतिनिधि रचनाकार के रूप में स्थापित किया है। लेख में प्रसाद, पंत और महादेवी वर्मा की परंपरा से उनका संबंध जोड़ते हुए यह बताया गया है कि वेदना, प्रकृति, आत्मानुभूति और अध्यात्म को उन्होंने आधुनिक सामाजिक यथार्थ के साथ जोड़ा। यह आलोचनात्मक विवेचन विशेषांक को गंभीर साहित्यिक ऊँचाई प्रदान करता है। लेख की भाषा अत्यंत प्रभावपूर्ण

और साहित्यिक है, जिससे पाठक केवल जानकारी ही प्राप्त नहीं करता, बल्कि साहित्यिक रसास्वादन भी करता है।

विशेषांक में संस्मरणात्मक लेखों की उपस्थिति इसे अत्यंत आत्मीय बनाती है। 'मेरी सखी, डॉ. तारा सिंह' शीर्षक संस्मरण में डॉ. कल्याणी कुसुम सिंह ने निजी अनुभवों के माध्यम से डॉ. तारा सिंह के व्यक्तित्व का मानवीय पक्ष प्रस्तुत किया है। यहाँ एक साहित्यकार के पीछे छिपी संवेदनशील मित्र, गृहिणी और सहृदय व्यक्तित्व की झलक मिलती है। संस्मरणों की यही विशेषता है कि वे औपचारिक आलोचना से अधिक जीवंत और विश्वसनीय प्रतीत होते हैं। इस लेख से स्पष्ट होता है कि डॉ. तारा सिंह केवल साहित्य की दुनिया में ही नहीं, बल्कि व्यक्तिगत संबंधों में भी अत्यंत आत्मीय और सहयोगी थीं।

पत्रिका की एक अन्य महत्वपूर्ण उपलब्धि इसका दस्तावेजी महत्व है। डॉ. तारा सिंह की 60 प्रकाशित कृतियों का वर्गीकृत विवरण पाठकों और शोधार्थियों के लिए अत्यंत उपयोगी है। इसमें काव्य-संग्रह, ग़ज़ल-संग्रह, उपन्यास, कहानी-संग्रह और आलेख-संग्रहों की सूची इस प्रकार प्रस्तुत की गई है कि शोधकर्ता उनके साहित्यिक विस्तार को एक साथ देख सकते हैं। यह कार्य केवल सूचीकरण नहीं है, बल्कि हिंदी साहित्य के एक महत्वपूर्ण रचनाकार की सृजन-यात्रा का अभिलेखीकरण है। आज के समय में जब अनेक साहित्यकारों की कृतियाँ बिखर जाती हैं और व्यवस्थित रूप से उपलब्ध नहीं रहतीं, तब यह प्रयास अत्यंत सराहनीय कहा जाएगा।

पत्रिका में भाषा का स्तर भी उल्लेखनीय है। अधिकांश आलेखों की भाषा साहित्यिक होते हुए भी सहज और प्रवाहपूर्ण है। आलोचनात्मक आलेखों में विद्वत्ता का भार पाठक को बोझिल नहीं बनाता। विशेष रूप से सत्येन्द्र कुमार पाठक और डॉ. बी.पी. सिंह के लेखों में आलोचनात्मक गंभीरता और भावनात्मक ऊष्मा का सुंदर संतुलन दिखाई देता है। इससे पत्रिका केवल अकादमिक पाठकों तक सीमित नहीं रहती, बल्कि सामान्य साहित्य-प्रेमियों के लिए भी पठनीय बन जाती है।

पत्रिका की एक अन्य महत्वपूर्ण उपलब्धि उसका वैचारिक विस्तार है। इसमें डॉ. तारा सिंह को केवल कवयित्री या कथाकार के रूप में प्रस्तुत नहीं किया गया, बल्कि उन्हें हिंदी भाषा के वैश्विक प्रचार-प्रसार से जोड़कर देखा गया है। 'स्वर्गविभा' वेबसाइट और पत्रिका के माध्यम से उन्होंने हिंदी को अंतरराष्ट्रीय मंच प्रदान किया–यह बात कई आलेखों में बार-बार उभरकर आती है। इससे यह विशेषांक हिंदी के डिजिटल विस्तार और वैश्विक संभावनाओं की ओर भी संकेत करता है।

विशेषांक का 'स्मृति शेष' खंड अत्यंत मार्मिक है। विभिन्न साहित्यकारों और शिक्षाविदों द्वारा व्यक्त श्रद्धांजलियाँ केवल औपचारिक वक्तव्य नहीं हैं, बल्कि वे इस बात का प्रमाण हैं कि डॉ. तारा सिंह ने साहित्यिक समाज पर गहरा प्रभाव छोड़ा। इन वक्तव्यों के माध्यम से यह स्पष्ट होता है कि वे केवल लेखिका नहीं थीं, बल्कि एक सांस्कृतिक संस्था थीं, जिन्होंने अनेक रचनाकारों को दिशा और मंच दिया।

पत्रिका का सौंदर्यबोध भी उल्लेखनीय है। शीर्षकों का चयन, सामग्री का क्रम, श्रद्धांजलि-प्रधान वातावरण और साहित्यिक गरिमा पूरे अंक को एक विशेष भावभूमि प्रदान करते हैं। यद्यपि यह अंक मूलतः श्रद्धांजलि विशेषांक है, फिर भी इसमें अत्यधिक भावुकता का अतिरेक नहीं है। आलोचनात्मक विवेक और दस्तावेजी दृष्टि इसे संतुलित बनाते हैं।

यदि किसी स्तर पर हल्की कमी की बात की जाए, तो यह कहा जा सकता है कि कुछ आलेखों में पुनरावृत्ति दिखाई देती है। अनेक लेखों में 60 पुस्तकों, 260 सम्मानों और छायावादी चेतना का उल्लेख बार-बार आया है। हालांकि श्रद्धांजलि विशेषांक होने के कारण यह स्वाभाविक भी है, क्योंकि विभिन्न लेखक अपने-अपने दृष्टिकोण से उन्हीं उपलब्धियों को पुनः रेखांकित कर रहे हैं। फिर भी संपादकीय स्तर पर कुछ सामग्री का संक्षिप्तीकरण इसे और अधिक कसावट दे सकता था।

इसके बावजूद, समग्र रूप से देखें तो 'स्वर्गविभा : डॉ. तारा सिंह विशेषांक' हिंदी साहित्य की श्रद्धांजलि-परंपरा में अत्यंत महत्त्वपूर्ण योगदान है। यह अंक केवल एक साहित्यकार की

स्मृति को सुरक्षित नहीं करता, बल्कि हिंदी साहित्य की उस परंपरा को भी पुनर्स्मरण कराता है, जिसमें साहित्य समाज, संस्कृति, संवेदना और मानवीय मूल्यों का वाहक होता है। यह विशेषांक भविष्य के शोधार्थियों के लिए स्रोत-सामग्री के रूप में भी अत्यंत उपयोगी सिद्ध होगा।

डॉ. तारा सिंह के साहित्यिक अवदान को जिस आत्मीयता, गरिमा और व्यापकता के साथ इस विशेषांक में प्रस्तुत किया गया है, वह संपादकीय टीम की साहित्यिक प्रतिबद्धता का प्रमाण है। 'स्वर्गविभा' ने इस अंक के माध्यम से यह सिद्ध किया है कि साहित्यिक पत्रिकाएँ आज भी केवल प्रकाशन का माध्यम नहीं हैं, बल्कि वे सांस्कृतिक स्मृति की संरक्षक भी हैं। यही इस विशेषांक की सबसे बड़ी सफलता है।

"पंचतंत्र के सपूत" संक्षिप्त समीक्षा

डॉ शीला शर्मा

यह कविता "पंचतंत्र के सपूत" जीवन, प्रकृति और परिवर्तन के शाश्वत नियमों पर आधारित एक दार्शनिक कविता प्रतीत होती है। इसमें कवि मनुष्य को संबोधित करते हुए उसे प्रकृति के नियमों और जीवन की क्षणभंगुरता को समझाने का प्रयास करता है।

संक्षिप्त समीक्षा

1. विषय-वस्तु

कविता का मूल विषय जीवन का परिवर्तनशील स्वरूप और प्रकृति के चक्र की अनिवार्यता है। कवि मनुष्य को समझाता है कि सूर्य का अस्त होना, समुद्र की लहरों का उठना-गिरना, संध्या का आना–ये सब प्रकृति के नियम हैं। इसलिए जीवन में होने वाले परिवर्तनों और दुखों से अत्यधिक विचलित नहीं होना चाहिए।

2. भाव-पक्ष

कविता में:

करुण भाव और दार्शनिक चिंतन प्रमुख हैं।

कवि जीवन की नश्वरता और परिवर्तनशीलता का बोध कराता है।

मनुष्य की व्याकुलता को शांत करने का प्रयास करता है।

प्रकृति के उदाहरणों द्वारा धैर्य और स्वीकार्यता का संदेश देता है।

3. कला-पक्ष

भाषा संस्कृतनिष्ठ और साहित्यिक है।

"तिलमिलाकर दिनमान को डूबता देख", "लहरें उठती-गिरती, गरजती-बजरती" जैसे बिंब कविता को प्रभावशाली बनाते हैं।

मानवीकरण और दृश्यात्मकता का सुंदर प्रयोग हुआ है।

मुक्तछंद शैली होने के कारण विचारों का प्रवाह स्वाभाविक है।

4. प्रतीक एवं बिंब

सूर्यास्त → जीवन के अंत या परिवर्तन का प्रतीक।

समुद्र की लहरें → संघर्ष और जीवन-गति का प्रतीक।

संध्या → परिवर्तन और समय-चक्र का संकेत।

आकाश का रोना → प्रकृति और मनुष्य की भावनात्मक एकता का प्रतीक।

5. संदेश

कवि का संदेश है कि:

जीवन में परिवर्तन अपरिहार्य है। प्रकृति के नियमों को समझकर मनुष्य को दुख, हानि और बिछोह को सहजता से स्वीकार करना चाहिए। यही जीवन की परिपक्वता और बुद्धिमत्ता है।

निष्कर्ष

“पंचतंत्र के सपूत” एक विचारप्रधान और दार्शनिक कविता है, जो प्रकृति के उदाहरणों के माध्यम से मनुष्य को जीवन की वास्तविकताओं से परिचित कराती है। इसकी भाषा गंभीर, भाव गहन और संदेश प्रेरणादायक है। यह कविता पाठक को आत्मचिंतन के लिए प्रेरित करती है और जीवन के परिवर्तनशील सत्य को स्वीकार करने की सीख देती है।

युगद्रष्टा कृति 'रम्यवटी': वेश्यावृत्ति के बहुआयामी यथार्थ

सत्येन्द्र कुमार पाठक

साहित्य जब केवल संभ्रांत वर्ग के सुख-दुख, वैभव और काल्पनिक रूमानी दुनिया का माध्यम न रहकर समाज के सबसे उपेक्षित, कलंकित और अंधेरे कोनों में जीने वाले वर्ग को अपनी अभिव्यक्ति का केंद्र बनाता है, तो वह केवल मनोरंजन की वस्तु नहीं रह जाता। वह व्यवस्था के खिलाफ एक ज्वलंत वैचारिक दस्तावेज बन जाता है। प्रख्यात साहित्यकार डॉ. तारा सिंह की कृति 'रम्यवटी' हिंदी कथा-साहित्य में एक ऐसा ही क्रांतिकारी और साहसिक कदम है। यह उपन्यास वेश्यावृत्ति के दलदल में फंसी स्त्रियों के जीवन की विद्रूपताओं, उनकी रोज़मर्रा की कार्यशीलता और तथाकथित मुख्यधारा के समाज में उनकी 'अनचाही लेकिन अपरिहार्य' भूमिका को बेहद निर्भीकता और तटस्थता के साथ समाज के सामने रखता है। यह कृति इस शोषित वर्ग के सामाजिक-मनोवैज्ञानिक पहलुओं का ऐसा गहरा विश्लेषण करती है, जो पाठक को भीतर तक झकझोर कर रख देता है।

आमतौर पर परंपरावादी और रूढ़िवादी समाज वेश्यावृत्ति को केवल एक नैतिक पतन, धार्मिक पाप या सामाजिक कलंक के चश्मे से देखता आया है। समाज इस वर्ग को हेय दृष्टि से देखता है और इन्हें बस्तियों के सुदूर कोनों में निर्वासित कर देता है। लेकिन डॉ. तारा सिंह ने 'रम्यवटी' में इस स्थापित ढर्रे और संकीर्ण सोच से हटकर एक अत्यंत गंभीर, कड़वा और अकाट्य सच दुनिया के सामने रखा है।

उपन्यास की मूल स्थापना इस ओर इशारा करती है कि यह वर्ग भौगोलिक और सामाजिक रूप से समाज की मुख्यधारा से पूरी तरह कटा हुआ होने के बावजूद, अनजाने में पूरे सामाजिक ताने-बाने को एक अदृश्य सुरक्षा प्रदान करता है:

पुरुष प्रधान समाज की जो अनियंत्रित, विकृत, हिंसक और भटकती हुई वासनाएँ हैं, यह शोषित वर्ग उन्हें विषपायी की तरह अपने भीतर सोख लेता है। यदि यह व्यवस्था (वेश्यावृत्ति

का यह बाज़ार) न हो, तो समाज की ये हिंसक प्रवृत्तियाँ न जाने कितनी ही घरेलू, मासूम और असुरक्षित जिंदगियों को अपनी हवस का शिकार बना लें। इस प्रकार, लेखिका ने यह प्रतिपादित किया है कि यह वर्ग समाज की मर्यादा, पारिवारिक ढांचे और कुल-वधुओं की अस्मत को बिखरने से बचाने में एक 'अदृश्य ढाल' या 'सेफ्टी वाल्व' की तरह कार्य करता है। यह एक ऐसा कड़वा सच है जिसे स्वीकार करने में तथाकथित सभ्य समाज को हमेशा डर लगता है।

विवशता की कार्यशीलता बनाम देह का रोज़ाना हनन का उपन्यास इस रूढ़िवादी धारणा को पूरी तरह ध्वस्त करता है कि इस दलदल में फंसी स्त्रियां अपनी स्वेच्छा, विलासिता या आनंद के लिए यहाँ आती हैं। लेखिका ने अत्यंत संजीदगी से दिखाया है कि इन नारियों की कार्यशीलता और इस दलदल में उनका प्रवेश;अत्यधिक सामाजिक क्रूरता,भयंकर आर्थिक लाचारी, पितृसत्तात्मक उत्पीड़न, और अपनों (प्रेमी, पति या रिश्तेदारों) द्वारा दिए गए धोखे व छल का सीधा परिणाम होती है।

जिसे व्यवस्था और सभ्य समाज बड़ी सहजता से 'धंधा' या 'पैसा कमाने का जरिया' कहकर अपना पल्ला झाड़ लेता है, वह वास्तव में एक जीवित स्त्री की आत्मा और उसकी देह का रोज़ होने वाला क्रूर और व्यवस्थित हनन है। यह एक ऐसा श्रम है जिसमें श्रमिक अपनी आत्मा को रोज़ थोड़ा-थोड़ा मरते हुए देखता है।

मानवीय संवेदनाओं का जीवित द्वीप,डॉ. तारा सिंह की सूक्ष्म दृष्टि इस बाज़ार के भीतर के उस मानवीय पक्ष को भी उजागर करती है जो बाहर की तथाकथित 'सभ्य' दुनिया में लुप्त हो चुका है। इस नारकीय परिवेश के भीतर रहने के बावजूद, ये स्त्रियां आपस में: गहरा सहयोग, एक-दूसरे के सुख-दुख के प्रति गहरी संवेदना, और उच्च स्तरीय 'मानवोचित गुण' (जैसे करुणा, ममत्व, बंधुत्व और त्याग) जीवित रखती हैं।

वे लड़कियाँ जो समाज द्वारा दुत्कारी गई हैं, वे आपस में एक ऐसा परिवार निर्मित करती हैं जहाँ बिना किसी स्वार्थ के एक-दूसरे के आंसू पोंछे जाते हैं। ये वो मानवीय मूल्य हैं, जो

आज के तथाकथित 'सभ्य, सुशिक्षित और संभ्रांत' मुख्यधारा के समाज में भी अत्यंत दुर्लभ हो चुके हैं, जहाँ हर रिश्ता पैसे और स्वार्थ की तराजू पर तोला जाता है।

'रम्यवटी' केवल शोषित स्त्रियों के जीवन की दुर्दशा पर आंसू बहाने वाला कोई निराशावादी विलाप-काव्य नहीं है; यह उस दोगले और पाखंडी समाज के चेहरे से शालीनता का मुखौटा उतारने वाला एक तीखा वैचारिक प्रहार है।

समाज अपनी विकृतियों, कमियों और वासनाओं को छुपाने के लिए बड़ी सुगमता से इन स्त्रियों के मानवीय गुणों पर पर्दा डाल देता है। उन्हें 'अपवित्र', 'कुलटा' और 'अछूत' घोषित कर दिया जाता है, ताकि समाज के ठेकेदारों, धर्मगुरुओं और नैतिकता के प्रवक्ताओं की अपनी स्वघोषित 'पवित्रता' का भ्रम समाज में बना रहे।

लेखिका यहाँ एक अत्यंत ज्वलंत, तार्किक और अनुत्तरित प्रश्न उठाती हैं: "समाज अपनी दमित वासनाओं को तृप्त करने के लिए जिस बाज़ार को खुद निर्मित करता है, रात के अंधेरे में जिसका पोषण करता है, दिन के उजाले में उसी बाज़ार में रहने वालों को अपराधी और अछूत ठहराने का उसे क्या नैतिक अधिकार है?"

यह उपन्यास दिन के उजाले में नैतिकता, शील और मर्यादा का ढोंग करने वाले और रात के अंधेरे में उन्हीं बदनाम गलियों का रुख करने वाले 'सभ्य' पुरुषों के पाखंड को पूरी तरह नग्न कर देता है। यह दिखाता है कि बाज़ार के असली गुनाहगार वे नहीं हैं जो वहाँ बिकने को मजबूर हैं, बल्कि वे हैं जो खरीदार बनकर उस बाज़ार को ज़िंदा रखे हुए हैं।

डॉ. तारा सिंह की लेखनी की सबसे बड़ी विशेषता और सामर्थ्य यह है कि उन्होंने इस प्रकार के संवेदनशील, वर्जित और जटिल विषय को उठाते समय कहीं भी अश्लीलता, सतही सनसनीखेजता या सिसकते हुए 'मेलोड्रामा' का सहारा नहीं लिया है । भाषा-शैली अत्यंत सधी हुई, गंभीर, तत्समनिष्ठ, संयत और सीधे मर्म को छूने वाली है। पात्र केवल दया के पात्र या पीड़ित नहीं हैं, बल्कि वे व्यवस्था के खिलाफ सुलगते हुए सवाल हैं। पाठक पर

प्रभाव पाठक इन पात्रों के प्रति केवल सतही सहानुभूति या तरस महसूस नहीं करता, बल्कि वह इस सड़ चुकी सामाजिक व्यवस्था के प्रति आक्रोश और आत्मग्लानि से भर जाता है।

यह उपन्यास किसी सस्ते मनोरंजन या जिज्ञासा शांत करने के लिए नहीं पढ़ा जा सकता; यह पाठक को एक गहरे आत्ममंथन की ओर ले जाता है कि आखिर एक इंसान और एक ज़िम्मेदार समाज के तौर पर हम कब तक अपनी इस सामूहिक जिम्मेदारी और पाप से मुंह मोड़ते रहेंगे?

डॉ. तारा सिंह की कृति 'रम्यवटी' सामाजिक विद्रूपताओं, अंधेरों और पाखंड के बीच फंसी ज़िंदगियों का एक जीवंत, ईमानदार और विचलित कर देने वाला आईना है। वेश्याओं की कार्यशीलता, उनकी सामाजिक प्रासंगिकता और उनकी विवशताओं पर लेखिका का यह प्रगतिशील दृष्टिकोण हिंदी साहित्य में एक नए और क्रांतिकारी निर्णय की शुरुआत करता है।

यह पुस्तक और इस पर किया गया यह आलेख यह साबित करता है कि जब तक हमारा समाज अपने भीतर छिपे इस भयानक पाखंड को स्वीकार नहीं करेगा, जब तक वह पुरुषों की भटकती और हिंसक प्रवृतियों पर अंकुश लगाने के लिए आंतरिक और नैतिक सुधार नहीं करेगा, तब तक 'रम्यवटी' जैसी कृतियाँ समाज की सोई हुई चेतना को झकझोरती रहेंगी। यह उपन्यास केवल पुस्तकालय की अलमारी में सजाने के लिए नहीं, बल्कि सामाजिक चेतना को जगाने, रूढ़ियों को तोड़ने और एक अधिक मानवीय व संवेदनशील समाज के निर्माण के लिए पढ़ा जाना अनिवार्य है।

पुस्तक समीक्षा - परित्यक्ता

डॉ० त्रिलोक चंद फतेहपुरी

हिंदी को राष्ट्रभाषा और वैश्विक भाषा बनाने का श्रेय उन सभी हिंदी के साहित्यकारों एवं लेखकों को जाता है जिन्होंने अपने अथक प्रयास से हिंदी साहित्य लेखन में अपना सारा जीवन खपा दिया । उन्हीं श्रेष्ठ और ज्येष्ठ साहित्यकारों में नवी मुंबई की एक सुप्रसिद्ध छायावादी साहित्यकार डॉ० तारा सिंह भी प्रमुख रूप से शामिल हैं । डॉ० तारा सिंह एक उच्च कोटि की लेखिका हैं जिन्होंने अपने उत्तम , अनुपम साहित्य लेखन के द्वारा हिंदी साहित्य जगत को आलोकित किया है । डॉ० तारा सिंह की कविताएं, गजलें, छंद, मुक्तक आदि के साथ-साथ गद्य विधा में कहानी , उपन्यास , लेख , समीक्षा लेखन आदि में अद्वितीय महारत हासिल है । उनकी पुस्तक " परित्यक्ता " कहानी संग्रह पारिवारिक सामाजिक परिवेश का एक ऐसा दर्पण है जिसमें प्रेम , घृणा , वात्सल्य , आध्यात्मिकता , संवेदनशीलता, संवेदनहीनता , क्षोभ , स्वार्थ, लालच आदि भावों को एक माला के रूप में पिरोया गया है ।स्वर्ग विभा संस्था की संस्थापिका डॉ० तारा सिंह हिंदी साहित्य सेवा के प्रचार- प्रसार का बीड़ा उठाए हुए हैं ।

" परित्यक्ता" कहानी संग्रह अपने आप में अद्भुत ज्ञानवर्धक और प्रेरक संदेश देने का एक नायाब गुलदस्ता है । " परित्यक्ता" कहानी संग्रह की एक कहानी "आखिरी मुलाकात" के बारे में लेखिका ने बताया है कि कहानी का नायक रामटहल चरित्रहीन व्यक्ति है जबकि उसका भाई शिवटहल एक सभ्य शिष्ट , समाजसेवी, किसान व कवि है तथा सज्जनता का परिचायक है । लेखिका ने दोनों भाइयों का चरित्र चित्रण बड़ी सूझबूझ के साथ , सामंजस्य के साथ रेखांकित किया है । छोटे भाई शिव टहल द्वारा बड़े भाई को नसीहत देना कहानी का प्रमुख विषय रहा है । शिवटहल का आध्यात्मिक चिंतन बड़े भाई के लिए प्रेरक का काम करता है । छोटा भाई अपने बड़े भाई को बड़ी विनम्रता से समझाता है

और कहता है कि - "भैया पके आम हो, कब टपक पड़ोगे ,पता नहीं ! ऊपर वाले से डरो और इस तरह दो के चार करना छोड़ो ! पर राम टहल कहाँ मानता , कहता है -" मैं तो संसार को ठगता हूँ, पर संसार तुमको क्यों ठगता है ?" शिव टहल के व्यवहार में आनंद ही आनंद है जबकि रामटहल के व्यवहार में ईर्ष्या, द्वेष ,क्रोध लालच, छल- कपट, धोखा है । शिव टहल के अंतकरण से निकले वेदना भरे स्वरों को रामटहल ध्यान से तो सुनता है पर अमल नहीं करना चाहता । बल्कि भाई को धर्मराज कहकर व्यंग्य करता है । ऐसा सुनकर शिवटहल का कवि मन जाग उठता है । वह अपने बड़े भाई से धन और ऐश्वर्य, रूप और बल , विद्या और बुद्धि आदि से दुनिया को मोहित कर ले , पर एक कवि को आकर्षित नहीं कर सकती । कवि का जीवन दर्शन एक अलग तरह का सैद्धांतिक व्यवहार है। शिव टहल के प्रेरक प्रवचनों को सुनकर रामटहल कई बार आवेश में आ जाता है और अपने धन ऐश्वर्य और पैसे का गुरूर दिखाता है । लेकिन शिव टहल अपने भाई से कहता है - भैया पैसा खुदा है पर खुदा पैसा नहीं है ! मन और कर्म की शुद्धता ही धर्म का मूल तत्व है । तुम जिस धर्म का आचरण कर रहे हो वह पाप है । लेकिन राम टहल उसे ईश्वर प्रदत्त तोहफा बताता है और कहता है - स्वार्थ भी तो ईश्वर की ही देन है! दौलत उस दीपक की तरह है जिसके प्रकाश में बड़े बड़ों की आँखें चुंधिया जाती हैं। शिवटहल अपने बड़े भाई को समझने में कोई कसर नहीं छोड़ता । वह धर्म और माया की दुविधा में उलझा हुआ घर लौट आता है । लेकिन उसकी आँखों के सामने बड़े भाई का चेहरा घूमता नजर आता है । वह अपने भाई को डूबते चाँद की तरह ठहरने के लिए चिल्लाता है ।राम टहल कहता है मुझे अब पूर्ण विश्राम की जरूरत है । यही दो भाइयों के मिलन की आखिरी मुलाकात होती है।

" परित्यक्ता" की कहानियों में पात्र व चरित्र कई ऐसे लोग जो समाज के धूर्त ठेकेदार , झूठे समाजसेवी होने का ढोंग करते हैं । ऐसे नेता जो पैसे के बल पर अनैतिक कार्य करवाने में संलिप्त पाए जाते हैं । वे लोकतांत्रिक मर्यादा व मूल्यों का हनन करते हैं । ऐसे सूदखोर महाजन या सामंत जो किसान मजदूर का खून चूसने में कोई कसर नहीं छोड़ते ।

महिलाओं का उत्पीड़न व शोषण करते हैं । कई धर्म की आड़ में कुकृत्यों को करने से नहीं डरते हैं। उन सबकी यह पुस्तक पोल खोलती नज़र आती है । उनको नसीहत देना लेखिका का उद्देश्य रहा है । "परित्यक्ता" की कहानियों द्वारा समाज को जागरूक करने का सफल प्रयास किया गया है ।

शिल्प कला की दृष्टि से सभी कहानियों की भाषा शैली अत्यंत बोधगम्य है । संवाद शैली अत्यंत प्रभावशाली प्रतीत होती है । हालांकि कुछ संवाद लंबे हैं पर व्यंग्य बाण द्वारा गंभीर घाव करने वाले हैं । साधारण बोलचाल के शब्दों की भी भरमार दिखाई देती है ; कुंजड़े , साग -भाजी, चबैना, तोफा आदि । भाषा को समृद्ध बनाने हेतु अनेक स्थानों पर मुहावरों का प्रयोग किया गया है जैसे- माया की दुविधा , डूबता चाँद , दुम हिलाना, पत्तों का खड़कना, भूत का भार , सिर नीचा करना, टपक पड़ना , तगादा करना आदि ।

'स्त्री- विमर्श' - एक समीक्षा

आशा रघुदेव

'स्वर्गविभा' की स्थापिका, प्रधान सम्पादिका एवं हिन्दी की बहुचर्चित साहित्यकार डॉ तारा सिंह जी की सशक्त लेखनी से उपजी यह लेख भारतीय समाज में स्त्री की ऐतिहासिक, सामाजिक तथा धार्मिक स्थिति का विश्लेषण प्रस्तुत करता है।

'स्त्री - विमर्श' शीर्षक से प्रस्तुत इस लेख में लेखिका ने स्त्री - जीवन की पीड़ा, उसके दमन, उसके अधिकारों तथा ऐतिहासिक गौरव को आधार बनाकर एक गंभीर विमर्श समाज के समक्ष रखा है। इस लेख में सिर्फ एक भावनात्मक आक्रोश नहीं है बल्कि सामाजिक चेतना को जागृत करने का प्रयास भी किया गया है।

लेख की प्रधान विशेषता इसकी विचारप्रधानता है। डॉ तारा सिंह जी ने आरंभ से ही भारतीय समाज में नारी के प्रति उस दोहरे चरित्र को उजागर किया है; स्त्री को एक तरफ़ जहाँ देवी कहकर पूजा जाता है, वहीं दूसरी तरफ़ उसे घर की सजावट की एक वस्तु और पुरुषों के मनोरंजन का साधन समझा जाता है। लेख में यह विरोधाभास वैचारिक तीक्ष्णता प्रदान करता है। लेखिका ने यहाँ पौराणिक उदाहरणों, जैसे -गार्गी, मैत्रेयी या अपाला आदि का उल्लेख कर पितृसत्तात्मक व्यवस्था की आलोचना की है।

'स्त्री - विमर्श' पर आधारित इस लेख में इतिहास एवं धार्मिक ग्रंथों का उदाहरण देकर अपनी बातों को प्रभावी ढंग से बताने का प्रयास किया गया है।

लेख में वैदिक कालीन विदुषियों, गार्गी, मैत्रेयी, घोषा, अपाला आदि का उदाहरण देकर यह सिद्ध करने की कोशिश की गई है कि भारतीय परंपरा में स्त्रियों की स्थिति हमेशा ही दयनीय नहीं थी। इससे 'स्त्री - विमर्श पर आधारित यह लेख एक संतुलन प्राप्त करता है

क्योंकि लेखिका ने इस लेख में सिर्फ वर्तमान की समस्याओं की ओर ही ध्यान नहीं खिंचा बल्कि इतिहास में वर्णित स्त्री - शक्ति के प्रमाण भी प्रस्तुत करती है।

भाषा की दृष्टि से लेख सरल, प्रवाहपूर्ण एवं भावात्मक है। कुछ स्थानों पर भाषा थोड़ी मार्मिक हो जाती है, जैसे - "स्त्री की झूठी मुस्कान ओढ़कर जीने का चित्रण"। इससे पाठक इस लेख से भावनात्मक रूप से एक जुड़ाव महसूस करता है। लेख में तर्कात्मक शैली, सामाजिक चेतना एवं संवेदनात्मक ; तीनों का संतुलन काफी अच्छी तरह से बनाए रखने का प्रयास किया गया है।

यह लेख पाठकों को यह सोचने के लिए बाध्य करता है कि स्त्री - सम्मान सिर्फ एक आदर्श वाक्य नहीं है बल्कि सामाजिक व्यवहार का हिस्सा भी होना चाहिए। लेखिका का यह कथन कि स्त्री को आर्थिक, सामाजिक एवं धार्मिक जीवन में समान रूप से हिस्सेदारी मिलनी चाहिए ; लेख का केन्द्रीय संदेश स्पष्ट रूप से उभरकर सामने आता है।

समग्र रूप से यह लेख 'स्त्री - विमर्श' पर एक जागरूक, संवेदनशील और विचारोत्तेजक है जो भारतीय समाज में स्त्रियों की स्थिति पर गंभीर प्रश्न उठाता है। लेखिका डॉ तारा सिहं जी ने प्रश्नवाचक शैली का भी सधा हुआ प्रयोग किया है- "क्या औरतें निर्वाण प्राप्त कर सकती हैं?" ऐसे प्रश्न पाठकों को समानता की दिशा में सोचने के लिए बाध्य करती है।

'स्त्री- विमर्श' की दृष्टि से मूल्यांकन करने पर इस लेख में प्रमुख पक्ष सामने आता है- स्त्री - अस्मिता, शिक्षा का अधिकार, आर्थिक स्वतंत्रता, धार्मिक- सामाजिक समानता तथा मानसिक स्वतंत्रता। वस्तुत: लेख में इस बात पर विशेष रूप से बल दिया गया है कि "स्त्री की समस्या केवल बाहरी बंधनों की नहीं बल्कि सामाजिक मानसिकता की भी है।"

अंत में 'स्त्री- विमर्श' पर आधारित इस विचारोत्तेजक दृष्टिकोण को प्रस्तुत करने के लिए लेखिका को असीम शुभकामनाएँ।

"असल गया, सूद गया" – कहानी की समीक्षा

डॉ शीला शर्मा

यह कहानी मानवीय संवेदनाओं, मानसिक आघात और जीवन की विडंबनाओं को प्रस्तुत करने वाली एक प्रभावशाली रचना प्रतीत होती है। प्रस्तुत अंश में लेखिका ने संवादों और घटनाओं के माध्यम से एक ऐसे व्यक्ति की मनःस्थिति को चित्रित किया है, जिसने अपने जीवन में कोई गहरा नुकसान झेला है।

1. कथानक

कहानी की शुरुआत गुप्ता जी के विलाप से होती है। वे बार-बार कहते हैं– "असल गया, सूद गया" और "रात आँधी ऐसी आई कि मेरा घर उजड़ गया।" उनके मित्र और आसपास के लोग हैरान हैं, क्योंकि वास्तव में कोई आँधी नहीं आई थी। सबको लगता है कि गुप्ता जी की मानसिक स्थिति बिगड़ गई है। उनके मित्र त्रिपाठी जी भी पहले यही समझते हैं कि उन्हें चिकित्सकीय सहायता की आवश्यकता है।

यह आरंभ पाठक में उत्सुकता पैदा करता है कि आखिर गुप्ता जी के साथ ऐसा क्या हुआ है, जिसके कारण वे स्वयं को पूरी तरह उजड़ा हुआ महसूस कर रहे हैं।

2. विषय-वस्तु

कहानी का मुख्य विषय है–

जीवन में होने वाली अप्रत्याशित हानि,

मानसिक पीड़ा,

बाहरी और भीतरी वास्तविकता का अंतर,

तथा मनुष्य की भावनात्मक टूटन।

“असल” और “सूद” केवल आर्थिक शब्द नहीं हैं, बल्कि यहाँ वे जीवन की मूल पूँजी और उससे जुड़ी आशाओं के प्रतीक प्रतीत होते हैं। जब व्यक्ति का सबसे मूल्यवान सहारा छिन जाता है, तब उसे लगता है कि उसका सब कुछ नष्ट हो गया।

3. चरित्र-चित्रण

गुप्ता जी

संवेदनशील और भावुक व्यक्ति।

गहरे मानसिक आघात से ग्रस्त।

उनकी भाषा प्रतीकात्मक है; वे वास्तविक आँधी नहीं, जीवन की विपत्ति का वर्णन कर रहे हैं।

त्रिपाठी जी

व्यावहारिक सोच वाले मित्र।

प्रारंभ में गुप्ता जी की बातों को भ्रम या मानसिक असंतुलन समझते हैं।

उनके माध्यम से सामान्य समाज की प्रतिक्रिया दिखाई गई है।

मीरा और शर्मा जी

सहायक पात्र हैं, जो घटना को यथार्थ दृष्टि से देखने का प्रयास करते हैं।

4. भाषा-शैली

भाषा सरल, बोलचाल की और सहज है।

संवाद शैली कहानी को जीवंत बनाती है।

“रात आँधी ऐसी आई कि मेरा घर उजड़ गया” जैसे वाक्य प्रतीकात्मक अर्थ लिए हुए हैं।

लेखक ने बिना सीधे उपदेश दिए पात्रों के माध्यम से भावनाएँ व्यक्त की हैं।

5. शीर्षक की सार्थकता

"असल गया, सूद गया" शीर्षक अत्यंत प्रभावशाली और प्रतीकात्मक है। इसका सामान्य अर्थ है कि मूल धन भी चला गया और उससे मिलने वाला लाभ भी। कहानी के संदर्भ में यह किसी ऐसी क्षति का संकेत देता है, जिसमें व्यक्ति ने केवल एक वस्तु या व्यक्ति नहीं, बल्कि उससे जुड़ी सारी आशाएँ और सुख भी खो दिए हों।

निष्कर्ष

"असल गया, सूद गया" एक मार्मिक और मनोवैज्ञानिक कहानी है, जो मानव जीवन में आने वाले गहरे दुःख और उसके मानसिक प्रभावों को प्रभावशाली ढंग से प्रस्तुत करती है। कहानी की संवादप्रधान शैली, प्रतीकात्मकता और भावनात्मक गहराई इसे पाठक के मन में विशेष स्थान दिलाती है। यह रचना हमें सिखाती है कि किसी व्यक्ति की पीड़ा को केवल बाहरी परिस्थितियों से नहीं आँकना चाहिए; उसके पीछे छिपे भावनात्मक अनुभवों को समझना भी आवश्यक है।

"ग़ज़ल" की समीक्षा   रचनाकार: डॉ॰ श्रीमती तारा सिंह

सुखमंगल सिंह

1. विषय और भाव: 9/10

यह ग़ज़ल मानवीय नियति के विरोधाभासों पर केंद्रित है। हर शेर एक "क्यों" के साथ खत्म होता है – यह शैली पाठक को खुद से सवाल करने पर मजबूर करती है।

मुख्य भाव: प्रेम में मिले धोखे, दुनिया की बेरुखी, तकदीर की अनिश्चितता और इंसानी फितरत का दर्द। _"हम जिसका भला चाहते, वह बुरा चाहता क्यों है"_ – यह पंक्ति पूरी ग़ज़ल की आत्मा है।

2. भाषा-शैली और शिल्प: 8.5/10

खूबियाँ:

- उर्दू-हिंदी का संगम: _चारा-ए-ग़म, उल्फ़त, नक्शे-मुहब्बत, तप- हिज्र, इशरत, विसाल_ जैसे शब्द ग़ज़ल को क्लासिकल रंग देते हैं।

- बिम्ब: _"लौह और कलम"_, _"तप- हिज्र की गर्मी"_, _"नूर में ज़ुल्मत"_ – गहरे और सांकेतिक बिम्ब हैं।

- प्रवाह: मतला से मकता तक सवालिया लहजा बना रहता है, जो ग़ज़ल की जान है।

3. शेर-दर-शेर असर

शेर असर

अक्सर हमारे ही साथ ऐसा होता क्यों है / हम जिसका भला चाहते, वह बुरा चाहता क्यों है **मतला** – पूरी ग़ज़ल का बीज। इंसानी रिश्तों की विडंबना एकदम सटीक।

गजब की दुनिया है, इन्सां को इन्सां की कद्र नहीं / फिर भी फरिश्ता यहाँ आना चाहता क्यों है दुनिया की निर्ममता vs इंसानियत की उम्मीद। दार्शनिक गहराई।

पता है, चारा-ए-ग़म1 उल्फ़त की मिलती नहीं दवा / फिर भी आदमी नक्शे-मुहब्बत पर चलता क्यों है इश्क़ की लाचारी का सबसे खूबसूरत बयान।

नूर में होती इतनी जुल्मत6, हुआ आज उसकी आँखों से साबित **हुस्न-ए-मतला** – रोशनी में अंधेरा, प्रेमी की आँखों का दोहरापन। शायराना कमाल।

4. दर्शन और जीवन-दृष्टि: 9/10

यह ग़ज़ल सिर्फ प्रेम की नहीं, अस्तित्व की ग़ज़ल है। _"मुहब्बत में नहीं फर्क जीने और मरने में"_ – सूफी रंग लिए हुए है। तकदीर, लौह, कलम का ज़िक्र इंसान की बेबसी और कोशिश दोनों दिखाता है। दूसरा पृष्ठ विरह की शिद्दत खोलता है – _"न सुबह-ए-इशरत है, न शामे-विसाल"_ – यानी न मिलन का सुख, न इंतज़ार का सुकून।

5. समग्र मूल्यांकन: 9/10

ताकत:

1. *सवालिया अंदाज़*: हर शेर पाठक को भीतर तक कुरेदता है।

2. *शब्द-संसार*: उर्दू के कठिन शब्दों के अर्थ फुटनोट में देकर आम पाठक का भी ध्यान रखा।

3. *यूनिवर्सल अपील*: प्रेम, धोखा, तकदीर – हर दिल को छूने वाले जज़्बात।

निष्कर्ष

डॉ. तारा सिंह की यह ग़ज़ल आधुनिक हिंदी-उर्दू शायरी की मजबूत कड़ी है। इसमें ग़ालिब की-सी तल्ख़ी और मीरा की-सी विरह-वेदना दोनों हैं। यह सिर्फ महबूब से शिकवा नहीं, पूरी कायनात से सवाल है।

सबसे यादगार पंक्ति:

"नजर आता नहीं खते तकदीर, कैसा होगा वह / लौह और कलम, आदमी देखना चाहता क्यों है"

– इंसान जानते हुए भी कि तकदीर अनदेखी है, फिर भी अपनी कोशिश से उसे बदलने की ज़िद क्यों करता है? यही जिजीविषा ही तो इंसान को इंसान बनाती है।

किसके लिए: ग़ज़ल -प्रेमियों, दर्शन में रुचि रखने वालों और उन सबके लिए जिन्होंने कभी किसी अपने से पूछा हो "मेरे साथ ही ऐसा क्यों?"

"आखिरी मुलाकात" की साहित्यिक समीक्षा

डॉ. बिरेन्द्र कुमार मल्लिक

डॉ. तारा सिंह की रचना "आखिरी मुलाकात" (जो उनके उपन्यास 'परित्यक्ता' का अंश है) की साहित्यिक समीक्षा :-

समीक्षक की विशेष टिप्पणी (मेरी व्यक्तिगत दृष्टि):

"एक समीक्षक के तौर पर जब मैं 'आखिरी मुलाकात' से गुजरता हूँ, तो मुझे यह महसूस होता है कि यह कहानी केवल कागज़ पर उकेरे गए पात्रों का संवाद नहीं है, बल्कि यह हमारे अपने भीतर चल रहे अंतर्दवंद्व का एक जीवंत कोलाज है। वर्ष 2025 में डॉ. तारा सिंह भले ही भौतिक रूप से शांत हो गईं, लेकिन इस कहानी के माध्यम से उन्होंने मानव चेतना को जो झकझोरा है, वह उन्हें हमेशा जीवित रखेगा। रामटहल और शिवटहल केवल दो भाई नहीं, बल्कि हर दौर के मनुष्य के सामने खड़े दो रास्ते हैं-एक रास्ता अंतहीन लालच का है और दूसरा आत्मिक संतोष का। लेखिका का यह हुनर देखने योग्य है कि वे बिना उपदेशक बने पाठक को आत्म-मंथन की दहलीज पर लाकर खड़ा कर देती हैं।"

भाग १: रचनाकार का संक्षिप्त परिचय (डॉ. तारा सिंह)

• जन्म एवं पृष्ठभूमि: डॉ. तारा सिंह का जन्म 10 अक्टूबर, 1952 को जमालपुर (बिहार) में हुआ था। वे एक मध्यमवर्गीय परिवार से थीं और बचपन से ही कला, संगीत तथा कविता लेखन के प्रति उनका गहरा रुझान रहा।

• साहित्यिक विस्तार: उन्होंने हिंदी साहित्य की विभिन्न विधाओं में 60 से अधिक पुस्तकों और 120 के लगभग कहानियों की रचना की। उनकी प्रमुख कृतियों में 22 काव्य संग्रह, 12 उपन्यास (जैसे: अंकिता, दूतिका, समर्पित, परित्यक्ता आदि), 14 कहानी संग्रह और 8 गज़ल संग्रह शामिल हैं।

• संपादन एवं प्रभाव: वे प्रतिष्ठित त्रैमासिक पत्रिका "स्वर्गविभा" की संपादिका रहीं, जिसके माध्यम से वे नवोदित लेखकों को एक सशक्त मंच प्रदान करती थीं।

• पुरस्कार एवं सम्मान: उन्हें देश-विदेश में 260 से अधिक राष्ट्रीय व अंतर्राष्ट्रीय सम्मानों (जैसे: वूमन ऑफ द ईयर अवार्ड 2009, इंटरनेशनल अवार्ड 2012, मदर टेरेसा अवार्ड आदि) से नवाजा जा चुका है। उनके सम्मान में "डॉ. तारा सिंह विशिष्ट राष्ट्रीय सम्मान" भी स्थापित किया गया है।

• जीवन का अवसान: हिंदी साहित्य जगत को अपनी लेखनी से समृद्ध करने वाली इस असाधारण साहित्यकार का वर्ष 2025 में निधन हो गया। उनका जाना हिंदी जगत् के लिए एक अपूरणीय क्षति है, परंतु उनका विपुल साहित्य हमेशा पाठकों का मार्गदर्शन करता रहेगा।

भाग २: "आखिरी मुलाकात" की साहित्यिक समीक्षा

"आखिरी मुलाकात" कहानी कथ्य, चरित्र-चित्रण और वैचारिक धरातल पर समकालीन हिंदी साहित्य की एक बेहद विचारोत्तेजक और उत्कृष्ट रचना है।

१. केंद्रीय कथ्य: आदर्श बनाम यथार्थ का द्वंद यह कहानी दो विपरीत जीवन-दर्शनों के शाश्वत टकराव को दर्शाती है। एक तरफ रामटहल के माध्यम से नग्न भौतिकतावाद, छल और धन-लिप्सा को दिखाया गया है, तो दूसरी तरफ शिवटहल के माध्यम से नैतिक शुद्धता, आध्यात्मिकता और कलात्मक निश्छलता को स्थापित किया गया है।

लेखिका ने दो सगे भाइयों के माध्यम से समाज के दो परस्पर विरोधी चेहरों को आमने-सामने खड़ा किया है।

२. जीवंत चरित्र-चित्रण (Characterization)

कहानी के पात्र अपने आप में गहरे सामाजिक प्रतीकों की तरह उभरते हैं:

• रामटहल (शोषक वर्ग का प्रतीक): वह विलासी, सूदखोर और चतुर है। उसका मानना है कि संसार में दौलत ही सबसे बड़ा दीपक है और 'स्वार्थ' ईश्वर का दिया उपहार है। वह अंत तक अपनी कुटिल चालाकियों और पापों को सही ठहराने का प्रयास करता है।

• शिवटहल (नैतिकता और कवि-हृदय का प्रतीक): वह स्वभाव से किसान और संवेदनशील कवि है, जो खुद को प्रकृति का पुजारी कहता है। उसके लिए भौतिक ऐश्वर्य, रूप और बल का कोई मूल्य नहीं है; वह जीवन को सरल और स्वच्छंद मानता है।

३. संवाद योजना और दार्शनिक प्रखरता

कहानी की सबसे बड़ी शक्ति इसके धारदार संवाद हैं। दोनों भाइयों के बीच की बहस केवल पारिवारिक नोक-झोंक न रहकर एक उच्च कोटि का दार्शनिक विमर्श बन जाती है। शिवटहल का यह प्रतिवाद कि - "पैसा खुदा है, लेकिन खुदा पैसा नहीं है" - बाज़ारवादी सोच और मानवीय मूल्यों के अंतर को बेहद तीखे रूप से स्पष्ट कर देता है।

४. प्रतीकात्मक शिल्प और मर्मस्पर्शी अंत कहानी में प्रतीकों का अत्यंत सुंदर और सटीक प्रयोग किया गया है:

• तलवार और केला: शिवटहल के उच्च तर्कों की तुलना उस तलवार से की गई है जो लोहे को तो काट सकती है पर केले (रामटहल की जड़ और स्वार्थी बुद्धि) को नहीं काट पाती।

• डबता चाँद और क्लाइमेक्स: कहानी का अंत बेहद प्रतीकात्मक और मनोवैज्ञानिक है। गोधूलि वेला में पहाड़ी पर डूबता हुआ चाँद रामटहल के जीवन और उसकी अनैतिक सत्ता के अवसान का प्रतीक है।

अंत में रामटहल की यह गूँज कि "मुझे पूर्णविराम की जरूरत है", यह दर्शाती है कि अनैतिकता के मार्ग पर चलने वाला व्यक्ति अंततः आत्मिक रूप से थक जाता है और नियति के सामने हार मान लेता है।

निष्कर्ष : साहित्यिक समीक्षा के दृष्टिकोण से डॉ. तारा सिंह की यह रचना भाव, भाषा और शाश्वत संदेश का एक उत्कृष्ट समन्वय है। भाषा में खड़ी बोली के साथ उर्दू के व्यावहारिक शब्दों का सुंदर प्रवाह है। भले ही लेखिका आज हमारे बीच नहीं हैं, लेकिन यह रचना हमेशा यह कड़ा संदेश देती रहेगी कि जीवन की वास्तविक सार्थकता भौतिक संचय में नहीं, बल्कि कर्म की शुद्धता और सदाचार में है।

"एक पाठक और समीक्षक के रूप में, मैं स्वर्गीय डॉ. तारा सिंह जी के प्रति अंतःकरण से गहरा आभार प्रकट करता हूँ। उन्होंने अपनी इस मर्मस्पर्शी रचना 'आखिरी मुलाकात' के माध्यम से समाज के उस कड़वे सच को आईना दिखाया है, जिससे हम अक्सर आँखें चुराते हैं। वर्ष 2025 में भले ही उनका भौतिक सफर थम गया, लेकिन एक मूक उपदेशक की तरह नैतिक मूल्यों को जगाने वाली

उनकी यह लेखनी सदा अमर रहेगी। मानवता, कला और नैतिक मूल्यों को शब्दों में पिरोकर समाज को सौंपने के लिए साहित्य जगत् उनका सदैव ऋणी रहेगा। ऐसी कालजयी चेतना और लेखनी को मेरा सादर नमन।"

डॉ. श्रीमती तारा सिंह की चार कविताओं की विस्तृत समीक्षा

डॉ. सुखमंगल सिंह

आपकी भेजी कविताएँ – *"यात्री हूँ, दूर देश का"* *"संस्कृति और सम्प्रदाय"*, *"पंचतंत्र के सपूत"* और *"नारी जीती विवश लाचार"* – डॉ. तारा सिंह के दार्शनिक, सामाजिक और स्त्रीवादी चिंतन का प्रतिनिधित्व करती हैं।

1. "यात्री हूँ, दूर देश का"

मूल भाव: विरह, अस्तित्व-बोध और जीवन की क्षणभंगुरता

विषय-वस्तु:

कवयित्री खुद को "दूर देश का यात्री" कहती है – यह देह, यह जीवन, सब पराया है। प्रेमी द्वारा ठुकराए जाने के बाद भी उसकी याद _"सावन बन, तुमको नहलाने धरती पर झड़-झड़कर झड़ा जा रहा"-। यह विरह सिर्फ लौकिक नहीं, आध्यात्मिक भी है।

शिल्प और सौंदर्य:

1. *बिम्ब*: -"हृदय की टूटी मधुप्याली"-"तन तृण की तरी"- "यौवन मधुवन की कालिंदी"- हर बिम्ब प्रेम की नश्वरता और यौवन के बहाव को दिखाता है।

2. *दर्शन*: -"दूरागत से आ रही आवाज... निष्ठुर विधु का सदा से यही न्याय रहा"- नियति की निष्ठुरता स्वीकारते हुए भी कवयित्री द्वार खोलने को कहती है। यह बुद्ध का मध्यम मार्ग है।

3. *अंतिम सत्य*: -"सहज भावनाओं में बहते जो, वे ही होते इस धरा पर, सच्चे प्रेमी"- प्रेम की परिभाषा बदल देती है। छल-प्रपंच नहीं, सहजता ही प्रेम है।

समग्र प्रभाव: यह ग़ज़ल की रूह लिए छंदमुक्त कविता है। महादेवी वर्मा की विरह-वेदना और बुद्ध के वैराग्य का संगम।

2. "संस्कृति और सम्प्रदाय"

मूल भाव: संस्कृति के नाम पर साम्प्रदायिकता का विरोध, धर्म बनाम संस्कृति का भेद

विषय-वस्तु:

सबसे ज़रूरी सवाल उठाती कविता। _"राजनीति और अर्थनीति के स्वार्थ कंदर्प से बनी संस्कृति का मुखौटा पहने, भुजंग-सी फन फैलाए साम्प्रदायिकता"- - एक पंक्ति में पूरा विमर्श समेट दिया।

मुख्य प्रतिपाद्य:

1. *धर्म vs संस्कृति*: -"धर्म आस्था और विश्वास का प्रतीक है, तो संस्कृति शतरंग प्रकाश"। धर्म निजी है, संस्कृति सार्वजनिक और समावेशी।

2. *मुखौटे का रूपक*: साम्प्रदायिकता संस्कृति का मुखौटा पहनकर आती है। _"जन-मन का शरीर हृदय दाह में प्रतिफल जलता"- दंगों का यथार्थ।

3. *वर्तमान पर प्रहार*- "आज के युग में हमारी संस्कृति पेट- भरों, अमीरों और साहूकारों का व्यसन है"-। आम आदमी के लिए - "प्राण रक्षा ही सबसे बड़ी चुनौती है"- तीखा वर्गीय सत्य।

4. *समाधान*: -"साम्प्रदायिकता जीवन निर्माण का विनाश रूप है"-- स्पष्ट स्टैंड।

शैली: वैचारिक कविता, ओज पूर्ण। प्रसाद के 'कामायनी' की-सी तत्सम भाषा। - "भूख-प्यास से पीड़ित भद्दी हो गई है, संस्कृति की आकृति"- अंतिम पंक्ति समकालीन भारत का आईना।

3. "पंचतंत्र के सपूत"

मूल भाव: नैतिक पतन, लोभ और आधुनिक मनुष्य पर व्यंग्य

विषय-वस्तु:

पंचतंत्र नीति-शिक्षा का ग्रंथ था। उसके 'सपूत' यानी आज के इंसान लोभी, व्यथित, परेशान हैं। - "पश्चिम की जलधि में, तिल - तिलकर दिनमान को डूबता देख, तुम क्यों हो हैरान"! उपभोक्तावाद और पश्चिमीकरण पर कटाक्ष।

शिल्प:

1. *प्रकृति से संवाद*: -"मेरा ही रुदन, शिशिर कण बन छलकता"-। कवयित्री का दुःख प्रकृति में प्रतिबिंबित होता है - छायावादी प्रभाव।

2. *फटकार*: -"मृतिका पुत्र, मिट्टी का क्षीर पीने वाला मूर्ख हो तुम"-। भौतिकता में डूबे मनुष्य को 'मूर्ख' कहना - कबीर की परंपरा।

3. *प्रश्न*: -"प्रकाश की रश्मि जब नक्षत्रों से खेलने आती, संध्या क्यों हो जाती उदास"- जीवन के विरोधाभासों पर दार्शनिक प्रश्न।

संदेश: -"सहस्त्रों, अरबों खरबों सालों से अंधकार में जीता आ"- इंसान हजारों साल बाद भी अज्ञान में है। लोभ छोड़ो, तभी उजाला।

4. "नारी जीती विवश लाचार"

मूल भाव नारी की सृजन-शक्ति vs सामाजिक लाचारी

विषय-वस्तु:

यह कविता नारी-विमर्श का घोषणापत्र है। 3 स्तरों पर बात करती है:

1. *देह-दर्शन*: -"पुरुष इंद्रियों को अपने हृदय की घनी छाँह में... सुलाने वाली नारी"-। पर वही नारी - "नर द्वारा निर्मित निर्जीव, गूँगी प्रतिमा-सी"- बना दी गई।

2. *सृजन बनाम शोषण*: - "शिशु के स्वरूप ईश्वर को दुनिया में जनम देकर लानेवाली नारी... दुनिया में जीती विवश लाचार"- । जो जीवन देती है, वही लाचार क्यों?

3. *ऐतिहासिक चेतना*: - "वीरांगनाओं की वीरगाथा से समय-सागर है भरा हुआ" - सीता, सावित्री, द्रौपदी, लक्ष्मीबाई, पद्मिनी। - "आज भी थार की रेत से, पद्मिनी के जौहर का शोला भभक रहा"-।

सबसे क्रांतिकारी पंक्ति:

"देह- आत्मा के बीच की जो खाई है, उस पर मस्तिष्क प्रभा का पुल संयोजित कर किया जा सकता पार"-

यानी नारी को सिर्फ 'देह' मत समझो। उसकी चेतना, उसका मस्तिष्क ही मुक्ति का पुल है।

शैली: ओज + करुणा। - "नर के स्पर्श से पूर्णता को पायेगी, वरना सह न सकेगी सुकुमारता का भार" - समाज की पुरुष-केंद्रित सोच पर चोट।

चारों कविताओं का समग्र मूल्यांकन

बिंदु *विश्लेषण*

विषय वैविध्य व्यक्तिगत विरह से लेकर राष्ट्रीय-सांस्कृतिक संकट और नारी-प्रश्न तक। पूरा फलक।

भाषा संस्कृतनिष्ठ तत्सम। *कंदर्प, मृगतृष्णा, उर्ध्व, निर्वाण, कालिंदी* जैसे शब्द। क्लिष्ट पर बोझिल नहीं।

दर्शन बुद्ध का अनित्यता - बोध, कबीर का खंडन, महादेवी का विरह, दिनकर का ओज - सबका संगम।

बिम्ब-विधान प्रकृति बिम्बों की भरमार: सावन, तृण, कालिंदी, शिशिर, सागर, संध्या। अमूर्त को मूर्त करती भाषा।

समकालीनता साम्प्रदायिकता, उपभोक्तावाद, नारी-शोषण – सब जस का तस। इसलिए कालजयी कह सकते हैं।

कमी -1. वाक्य लंबे, अल्पविराम की भरमार से लय टूटती है।

2. प्रूफ -त्रुटि: 'साचार' की जगह 'साकार', 'यात्री'!

निष्कर्ष: कवयित्री डॉ. तारा सिंह का स्थान

डॉ. तारा सिंह की कविता 'सुंदरता के साथ सत्य बोलने का साहस' है।

1. "यात्री हूँ" में वे मीरा हैं – विरह की पीड़ा में भी द्वार खोलने को तत्पर।

2. "संस्कृति और सम्प्रदाय" में वे दिनकर जस हैं – सत्ता के मुखौटे नोचने वाली ओजस्वी वाणी।

3. "पंचतंत्र के सपूत" में वे कबीर सा हैं – लोभी मनुष्य को 'मूर्ख' कहने वाली फक्कड़ता युक्त।

4. "नारी जीती विवश लाचार" में वे सिमोन द बोउवार हैं – 'द सेकंड सेक्स' का भारतीय काव्य-संस्करण।

अंतिम बात:-

ये चार कविताएँ चार दिशाएँ हैं - व्यक्ति, समाज, नीति और नारी। इन्हें पढ़कर लगता है कि कविता सिर्फ सजावट नहीं, 'स्वर्णिम रूपांतर' का औजार है। जैसा कवयित्री खुद लिखती हैं:

"जन- जन को अपने पैरों पर खड़े करने, जीवन का स्वर्णिम रूपांतर करने, आभा की देही शोभा की प्रतिमा बनकर"-- यही इनका काव्य-उद्देश्य है।

अंक: - हिंदी साहित्य की अनिवार्य पाठ्य सामग्री।

नारीत्व के शाश्वत महासेतु है नारी'

डॉ संगीता सागर

सुप्रसिद्ध साहित्यकार डॉ तारा सिंह द्वारा रचित काव्य-संग्रह 'अंकिता' की अत्यंत चर्चित कविता 'महासेतु है नारी' स्त्री-अस्तित्व, उसकी आंतरिक चेतना और सामाजिक विडंबनाओं का एक उत्कृष्ट दार्शनिक दस्तावेज़ है। यह कविता मात्र नारी के पारंपरिक रूप या कोमलता का सतही गान नहीं है, बल्कि यह उसके उस विराट स्वरूप का साक्षात्कार कराती है जहाँ वह करुणा, त्याग और सृजन का 'महासेतु' बनकर खड़ी है।

कविता का आरंभ ही नारी को एक शाश्वत और कालजयी शक्ति के रूप में स्थापित करता है। कवयित्री ने नारी को "सुरभि संचय कोश" कहकर संबोधित किया है। जिस प्रकार एक समृद्ध कोष में अमूल्य रत्न सुरक्षित रहते हैं, उसी प्रकार नारी अपने भीतर संवेदना, जीवन की सुगंध और निश्छल प्रेम को संचित रखती है, जो पूरी मानव सभ्यता के विकास का मूल आधार है।

वह केवल वर्तमान की कोई सामाजिक इकाई नहीं है, बल्कि "तीनों कालों को खुद में समेटे" हुए है। यह बिंब दर्शाता है कि इतिहास की निरंतरता, वर्तमान का संतुलन और भविष्य की आधारशिला–सब कुछ नारी के त्याग और उसकी सृजनशीलता पर टिके हैं। वह "प्रेरणा, प्रीति और करुणा की अदृश्य उद्‌गमस्थली" है, जो प्रत्यक्ष रूप से अहंकार का प्रदर्शन किए बिना, पृष्ठभूमि में मौन रहकर ऊर्जा की तरह संसार को संचालित करती है।

तारा सिंह केवल नारी की महिमा का आदर्शवादी बखान नहीं करतीं, बल्कि वे उस कड़वे यथार्थ और सामाजिक विडंबना पर भी तीखा प्रहार करती हैं जहाँ पुरुषप्रधान समाज ने उसकी चेतना को बाधित किया है। कविता की पंक्तियाँ–"मगर नर स्वेच्छा तुम को भेदकर / शरद की धवल ज्योत्सना सी / धरा मंच पर कभी निखर नहीं पाई..."–उस दमनकारी प्रवृत्ति को रेखांकित करती हैं जिसने नारी के व्यक्तित्व को खुलकर विकसित नहीं होने दिया। यहाँ

"शरद की धवल ज्योत्सना" नारी की अत्यंत पवित्र, उज्ज्वल और असीम क्षमताओं का प्रतीक है, जिसे पुरुष की स्वेच्छाचारी प्रवृत्ति ने सदैव अपनी सीमाओं में बांधकर रखने का प्रयास किया। कविता का सबसे सशक्त पक्ष नारी की अडिगता और उसकी सहनशीलता का चित्रण है। कवयित्री उसे "ध्रुव मूर्ति" की संज्ञा देती हैं। संसार में चाहे वैचारिक मतभेद हों या बाहरी प्रलय–"ज़मीं हिली, पहाड़ हिला"–परंतु नारी अपने कर्तव्यों, प्रेम और मर्यादा से कभी विचलित नहीं होती। जग के भारी कोलाहल के बीच उसकी "मूकता की अकम्प रेखा" उसकी कमजोरी नहीं, बल्कि उसकी उस आत्मिक शक्ति का प्रमाण है जो विनाश के बीच भी नए सृजन का सेतु बनाए रखती है। कविता के अंतिम चरण में कवयित्री एक भविष्यवक्ता की भाँति समकालीन समाज के नैतिक पतन की भयावह तस्वीर खींचती हैं। "धूसर संध्या" और "क्षितिज से उतरती कालिमा" उस मानवीय संकट और सांस्कृतिक विघटन के प्रतीक हैं, जहाँ मनुष्य अपनी ही बनाई असुरक्षा के कारण "शून्य प्रांत" की ओर भाग रहा है। कवयित्री संकेत देती हैं कि जब आधुनिक सभ्यता इस अंधकार में डूबेगी, तब पुनः जीवन को दिशा देने के लिए नारी के इसी 'महासेतु' अर्थात् उसकी करुणा और शाश्वत मूल्यों की आवश्यकता होगी।

साहित्यिक दृष्टि से यह कविता तत्सम प्रधान शब्दावली और गंभीर प्रतीकों (जैसे- तमसा वन, धवल ज्योत्सना, ध्रुव मूर्ति) के कारण एक दार्शनिक ऊँचाई छूती है। 'महासेतु है नारी' केवल एक नारी-वंदना न होकर, उसके मौन संघर्ष, दमन और उसकी आध्यात्मिक सत्ता का जीवंत प्रतीक है। तारा सिंह जी की यह कविता पाठक को नारी के वास्तविक महत्व पर पुनर्विचार करने के लिए बाध्य करता है और यह सिद्ध करता है कि नारी ही वह महासेतु है, जिस पर मानवता का भविष्य सुरक्षित है।

धर्म और कर्म

आलेख

-----डॉ॰ श्रीमती तारा सिंह, नवी मुम्बई

धर्म शब्द, संस्कृत के 'धृ' शब्द से बना है ,जिसका अर्थ होता है,धारण करना । परमात्मा की सृष्टि को धारण करने के लिए जो कर्म और कर्तव्य किया जाता है , उसे ही धर्म के अंग का लक्षण माना गया है । धर्म पुरुषार्थ है और पुरुषार्थ पालन में सुख मिलता है । पुरुषार्थ की प्रेरणा और प्रेम, जीवन के साथ मृत्यु का भी महत्व बताता है । धर्म इन्सान के लिए है, भगवान के लिए नहीं । धर्म अकेला नहीं रहता; धर्म को धारण करने से शीलता आती है । संयम-त्याग, विवेक और प्रेम से आता है । धर्म इसी जीवन में ,एक नये जीवन की ओर ले जाता है; धर्म का आश्रय संसार रूपी इस सागर को पार करा देता है । उदाहरण स्वरूप, श्लोक में धर्म के दश लक्षण बताये गये हैं । (१) दुख में धीरज रखना, अपराधी को क्षमा करना,बुद्धि को बुरे काम में नहीं बल्कि अच्छे कार्यों में खर्च करना । मन और तन ,दोनों की सफ़ाई रखना, सम्यक ग्यान का अर्जन, सच का पालन; ये सभी उत्तम कार्यों में आते हैं । बाकी चोरी नहीं करना, अपनी इन्द्रियों को लोलुपता से बचाये रखना,क्रोध से दूर रहना तथा मन को बुरे कर्मों से दूर रखना; ये सभी उत्तम कर्म हैं ।

अहिंसा परमो धर्मः -- अर्थात अहिंसा सभी धर्मों में श्रेष्ठ है । इसलिए मनुष्य को कहीं भी, किसी प्राणी की हिंसा नहीं करना चाहिये । अपने प्राण से बढ़कर प्यारी कोई दूसरी वस्तु नहीं होती ;इसलिए ,मनुष्य अपने प्राण के लिए जिस प्रकार ,प्यार और दया रखता है,दूसरे जीवों पर भी दया और प्यार रखना चाहिये ।

धर्म, एकता का वह बल है,जो समाज या देश में, सहज कलह और स्वार्थ उत्पन्न नहीं होने देता । समाज में जहाँ धर्म रहता, वहाँ संघर्ष और बिखराव नहीं रहता । जहाँ एकता

नहीं रहती, वहाँ दुख और तृष्णा रहती है ; जो धर्म और अधर्म का भेद बताता रहता है,उचित क्या है और अनुचित क्या , यह तो समय-काल ,और परिस्थिति पर निर्भर करता है । हमें जीने के लिए आर्थिक क्रिया करना है । यहाँ हर चीज नश्वर है । हमारा शरीर भी नश्वर है; यहाँ कुछ भी टिकाऊ नहीं है । यहाँ तक कि धन और वैभव भी, जिसे हम तिनका-तिनका कर जमा करते हैं, सब यहीं रह जाता है । साथ कुछ नहीं जाता । आदमी खाली हाथ आया है, खाली चला जाता है । रह जाता है,केवल उसका धर्म और कर्म, जो कभी नहीं मिटता ।

अत: धर्म-संग्रह सबसे बड़ा धन है । हमें जितना अधिक हो , इसे जमा करना चाहिये ।

हम कितना भी अपना हाथ-पैर मार लें,इस ब्रह्माण्ड के रचयिता को जानना, कभी संभव नहीं हुआ है । जब से पृथ्वी बनी, पृथ्वी के आरम्भकाल से ही लोग, आदमी कहाँ से आता है, और मरकर कहाँ जाता है, के रहस्य का पता लगाने में जुट गये,लेकिन नहीं लगा सके;आज भी यह प्रश्न जस का तस है । हमारे शास्त्र (रामायण) में भुशुंडि ने भी, पक्षीराज गरुड़ से यही कहा है ----

तुम समान खग मसक प्रजंता |

नभ उड़ाहि नहीं पावहिं अंता ||

अर्थात कोई पक्षी आकाश की कितनी ही ऊँचाई की सैर क्यों न कर ले, आकाश के छोड़ को नहीं छू सकता । छूने की बात तो दूर, प्रतिपल परिवर्तनशील इस जगत को कोई सूंघ भी नहीं सका । कारण यह जगत घ्राणेन्द्रियों से परे है , हमारे वश में कुछ भी नहीं है ,न जनम ,न साँस लेना । हम खुद को भ्रमवश, शक्तिशाली समझते हैं । हमारी सोच ससीम है और ऊपर अनंत असीम ।

मनुष्य की तरह, हर जीव अनंत काल तक जीना चाहता है, लेकिन ऊपर वाले की मर्जी के सामने सब बेवश हैं ; हमारा समाज और हमारी दुनिया कैसे शाँति सम्पन्न व सुख पूर्वक जी सके । इसी आकांक्षा के विचार से धर्म की उत्पत्ति हुई है । धर्म पुरुषार्थ है, इसके पालन में बड़ा सुख मिलता है । इसलिए धर्म भगवान के लिये नहीं होता, यह तो जी

रहे जगता-जीव के लिए है । जब तक जीव जगत है,तब तक धर्म है, धर्म व्यक्ति के श्रेष्ठ-श्रेष्ठतर में बदलाव का कारक-उत्प्रेरक है । धर्म जीते जी ,नये जीव की ओर ले जाता है । कोई भी व्यक्ति उच्च कुल में सिर्फ़ जनम पाने से धार्मिक नहीं हो जाता । धर्म का सम्बन्ध उसके क्रियात्मक कर्मों से है । धर्म-रथ पर किसी को भी जबरन चढ़ाया नहीं जा सकता, जब तक उसका खुद मन-हृदय न चाहे । इस संसार -सागर से पार कराने का एकमात्र आश्रय धर्म है; धर्म का रथ ही, जिसमें दया,क्षमा,श्रद्धा, समता की डोरी से बंधा बल-विवेक, दम और परोपकार रूपी चार घोड़े खीच रहे हैं ,ये ही भवसागर से पार लगायेंगे । ईश्वर भजन इस रथ का सारथी है; इस रथ पर के सवारी का जीवन- मृत्यु ,कुछ बिगाड़ नहीं सकता । इसलिए हमें धर्म और कर्म ,दोनों ही खूब सोच-विचार कर करना चाहिये । नकारात्मक कर्म ,भविष्य को बिगाड़ कर रख देता है । अत: हमारा महत्वपूर्ण कर्म है, अपने में व्याप्त कमियों को समझना । हिन्दुत्व कहता है--

अनित्यानि शरिराणि विभवो नैव शाश्वत: ।

धर्म के परिपेक्ष में सभी धर्म गुरुओं का एक सा मत है ; वह है, धर्म-मार्ग पर चलने वाले आदमी के आचार-विचार में शुद्धि जरूरी है --- कलुषित हृदय आदमी को धर्म के मार्ग पर चलने नहीं देता । धर्म पर चलना,तलवार की धार पर चलने समान है,जो सबों के लिए सम्भव नहीं । इस पर विवेकी और सर पर कफ़न बांधने वाले ही चल सकते हैं । संत तुलसीदास जी ने कर्म के बारे में कहा है---- हमारे शरीर के अस्तित्व में आने से पहले ही हमारी नियति आकार ग्रहण कर लेती है। कर्म भाग्य नहीं है,यह तो हम 'जैसा करेंगे,वैसा भरेंगे' ।

कर्म की विजय हमारे बौद्धिक कार्य और संयमित प्रक्रिया में निहित है । सभी कर्म तुरंत पलटकर नहीं आते, कुछ जमा होते हैं और इस जनम या अन्य जनम में अप्रत्याशित रूप से लौटकर आते हैं । गीता में श्रीकृष्ण ने कहा----

कर्माण्येवाधिकारस्ते मा फ़लेषु कदाचन ।

मा कर्मफ़ल्हेतुर्भूर्मा ते सड़गोऽस्त्वकर्मणि ॥

अर्थात मनुष्य को फ़लाकांक्षा को छोड़ कर्म करना चाहिये ; इसलिए कि उसका अधिकार ,कर्म के फ़ल पर नहीं,केवल कर्म पर है । हम जो भी काम करते हैं, उसे सुर्य,चन्द्र, वायु,अग्नि,पृथ्वी,जल,यम,सुर्योदय और सुर्यास्त सभी देख रहे होते हैं । ये सभी हमारे अच्छे-बुरे कर्मों के साक्ष्य हैं ।

हमें कोई भी कार्य करने के पहले,उसे अच्छी तरह समझ लेना चाहिये,क्योंकि सचेत होकर किये गये कार्य,सुंदर और गंभीर होते हैं । 84 लाख योनियों में मनुष्य जन्म सिर्फ़ एक बार मिलता है तथा हम मनुष्य योनि में ही किसी कर्म को करने के पहले सोच सकते हैं , 'जिस कार्य को करने जा रहे हैं,या कर रहे हैं;यह सही है या गलत" । हम अपने वर्तमान जीवन में कर्म के प्रभाव को सुलझाने और भाग्य को बेहतर बनाने के लिए ,उसे बदल सकते हैं । हमारे ग्यान और स्पष्टता की कमी, हमें नकारात्मक कर्म को जनम देता है । हम अनजाने उस कर्म को कर बैठते हैं ,जो हमारे खुद के लिए ही नहीं बल्कि हमारे समाज के लिए भी अहितकर होता है ।

हिन्दू धर्म के, प्रमुख वेदांत के अनुयायी आज भी अस्तित्व में हैं । उनका मानना है, ईश्वर और परमात्मा अपनी-अपनी भूमिका निभा रहे हैं । परन्तु अच्छे और बुरे कर्मों कर्मों को चुनने के लिए आदमी स्वतंत्र होता है । मगर सांख्य दर्शन के अनुसार ,किसी परमात्मा का अस्तित्व नहीं है, किन्तु कम उच्च विकसित अस्तित्व,कर्म का फ़ल पहुँचाने में भी मदद करता है तथा जन्म और मृत्यु के बाद मोक्ष भी दिलाता है । मगर वेदांत जैसे हिन्दू धर्म को मानने वाले, बौद्ध विचार,जैन व अन्य विचारों से असहमत हैं । उनका मानना है कर्म महज कारण व प्रभाव का एक नियम है । उनके अनुसार एक निजी सर्वोच्च ईश्वर की इच्छा द्वारा कर्म की मध्यस्थता की जाती है । इस तरह, सबों के मत अलग-अलग भले हों, लेकिन सब का सार एक है । वह है ,धर्म आदमी को बुरे राह पर चलने से बचाता है;अच्छा कर्म मोक्ष की ओर ले जाता है । इसलिए हमारे लिए धर्म और कर्म ,दोनों का रिश्ता,जिस्म से रूह की तरह है ।

गजल -----डॉ० श्रीमती तारा सिंह

तुमको अपना दिल दे दिया, तुमसे कहे बगैर
जान बाजी पर लगा दिया, तुमसे कहे बगैर

यकीन करो, मैं नहीं आया, मेरा पाँव मुझे
ले आया तुम्हारे घर , तुमसे कहे बगैर

मुझमें वो हिम्मत अब नहीं, कि तुमको चूम लूँ
रखकर तुम्हारे होठ पर अपना होठ,तुमसे कहे बगैर

दिल मेरा कोई खिलौना नहीं था, जो तुमने जब
तक चाहा खेला, न चाहा तोड़ दिया मुझसे कहे बगैर

तुम्हारी निगाहें-नाज की चोट से अब तक न उबर पाया
रू-आइने से फ़रियाद करूँ कैसे, तुमसे कहे बगैर

कविताएं

-----डॉ० श्रीमती तारा सिंह

तुम अमर, मैं नश्वर

प्रिये ! विजन नीर में, चौंक अचानक

जब भी मैं नींद से, उठ बैठता जाग

देखता,तुम गहन कानन के तरुतम में

अपने दो नयनों का विरह दीप जलाये

व्यग्र, व्याकुल घूम रही हो चुपचाप

इंगित कर तरुओं का पात

पूछ रही हो, डाली से, हे !

मृगमद के सौरभ सम सुरभित

नव पल्लवित तमाल

तुममें ऐसी क्या है बात

जो जीवन के दुर्गम पथ पर

चलते- चलते मनुज जब थक जाता

जगती के इस छोर से उस छोर तक

सुनता नहीं कोई उसकी पुकार

तब वह विवश लाचार, तुममें आकर

छुप जाता,मिल तुममें हो जाता एकाकर

हर तरफ़ गहराया यह रूप तुम्हारा

जिसमें तिल-तिलकर डूब रहा संसार

बढ़ती जा रही तुम्हारी आयु का

राशि-राशि कर हो रहा यौवन विस्तार

क्यों आता नहीं बुढ़ापा तुम्हारा,क्यों पड़ती

नहीं कभी ढ़ीली ,जवानी की तार

मुझको देखो, कभी स्वर्ण आभरण युक्त

कल्पना से भी कोमल थे,मेरे ये दो हाथ

गाठें हैं पड़ी हुईं इनमें आज, सुडौल

ग्रीवा ,जो कभी त्रिभुवन के हर दुख को

फ़ूलों सी उठाये घूमती थी

आज उठा नहीं पा रही ,एक वृद्धाभार

हुक सी मेरे ह्रदय को

बींध जाती यह बात

जिस सृष्टि ने तुमको गढ़ा

उसी ने मुझे भी बनाया

फ़िर मुझमें, तुममें क्यों

भेद इतना बड़ा

मैं चिर नश्वर,तुम चिर अमर

मैं चिर कुरूप, तुम चिर सुंदर

कहानी

--डॉ० श्रीमती तारा सिंह

आत्मदुर्ग पर, बड़े कड़े पहरे थे

ईश्वर के दंड और दया से बेपरवाह रामबदन, अपने भविष्य चिंता का पाठ नहीं पढ़ा था| वह अपने जीवन का, अधिकांश समय, खाने-खिलाने, और मौज-मस्ती में व्यतीत करता था| उसके पिता धनिक लाल पुराने रईश थे| मुंबई के जुहू में उनका विशाल आवास, आकाश को छूता नजर आता था| पिता धनिक लाल के गुजरने के बाद रामबदन, मनमाना बन गया| नित ब्रहमभोज, साधुओं, गरीबों, बेसहारों के भंडारे का इंतजाम, उसे अपनी बंशगत संपत्ति बेचने के लिए बाध्य कर दिया| वह चाहता, तो पिता की तरह धन से धन की वृद्धि कर, पहले से अधिक धनवान बन सकता था| मगर उसे नए मार्ग पर चलना पसंद नहीं था|

एक दिन रामबदन अपनी दाढ़ी काटते बख्त, देखा, 'सामने रखे आईने पर, शरदकाल की कोमल किरण, गिर-गिरकर ऐसे छटपटा रही है, मानो, किसी ने उसकी हत्या कर दी हो| वह बचने के लिए आश्रय माँग रही है, मगर आईने की फिसलन, उसे ठहरने नहीं दे रही| यह देख रामबदन ने मन ही मन कहा, 'इतनी निठुरता ठीक नहीं, इस पाषाण-ह्रदय को दया छूती क्यों नहीं? मैं तो, इस बेवकूफ आईने से यही कहूँगा, 'आशा की बात छोडो, अभिलाषा तो पूरी होने देते, अपनी प्रेमिका से मिलने का आनंद उठा लेते, भावों की तृप्ति भी हो जाती, और मन को सुखद और रसमय कार्य भी मिल जाता| मगर इस आईने को कौन बताये, कि भाव-संसार का भ्रमण अतीव सुखमय होता है| तुम चाहते तो सुखद भावों का आनंद ले सकते थे|

यह सब सोचते-सोचते रामबदन की चित्तवृत्तियों में परिवर्तन होने लगा| उसे ज्ञात हुआ कि मैं कौन हूँ? क्या मैंने अपना कर्त्तव्य निभाया? मैंने जो उसके साथ व्यवहार किया, क्या यही धर्मनीति है? जब वह अपना जीवन मेरे लिए, धूल में मिला देने को तत्पर थी, तब मैं उसके बाल-हृदय के व्यवहार को क्षमा तक नहीं कर सका, यह विचार रामबदन के हृदय में काँटे की भाँति खटकने लगा| सोचने लगा, 'न्याय और शील में परस्पर इतना विरोध क्यों? क्यों मैंने अपने आत्मगौरव के दुर्ग पर इतने कड़े पहरे बिठा रखे थे, कि वहाँ लज्जा की पूर्ण प्रतिमा का प्रवेश भी मुश्किल था| वह दुर्ग-द्वार पर खड़ी, प्रेम की अग्नि-चिता पर लेटी, व्यथित, लाचार, मुझे पुकारती रही, और मैं तन्द्रा के कल्पित स्वर्ग में, त्याग और अनुराग के स्वर्ण सिंघासन पर बैठा एक दार्शनिक की भाँति उसकी चंचलता की आलोचना करता रहा|

माना कि, पूर्वजों का दिया धन-दौलत ने मुझे अपने कुंवारेपन का एहसास नहीं होने दिया, न ही हिन्दू-पवित्रता के कर्त्तव्य और आदर्श का कोई नियम स्थिर होने दिया| मैंने पुरुष धर्म की किताबें भी पढ़ी थीं, लेकिन उनका कोई चिरस्थाई प्रभाव भी मुझ पर नहीं पड़ा| कदाचित मैं उन सब बातों को भूल चुका था, मगर आज, शरद ऋतु की पहली किरण के सौजन्य से बीते दिनों की याद फिर से ताज़ी हो गई| दुःख होता है सोचकर, कि जिस प्रताप के लिए वह अपना अस्तित्व धूल में मिला देने को तत्पर थी, वहीँ मैं उसके बाल-व्यवहार को उसके हृदय की संकीर्णता मानकर अपना न सका|

जब से, सुबह की उस बाल-किरण को शीशे पर ठहर जाने के लिए छटपटाते देखा, मुझे अपने चित्त पर एक बोझ सा महसूस होता है| इस तरह मनो रामबदन के हृदय में, तूफ़ान उठ रहे थे| उसका बस चलता, तो बीते उन दिनों को लौटाकर, ऐसी सोच रखने वालों को सावधान कर कहता–देखो! ज्यों मैंने अपनी जवानी, मुहब्बत की बाजीगरी और प्रेम-प्रदर्शन में गुजारी है, उस तरह बेकैद, आजाद, बेवद कभी इस शाख पर, कभी उस शाख पर चहकनेवाली चिड़िया की तरह आगे किसी को अपनी उम्र गुजारने मत

देना| इस संसार में पशुबल का प्रभुत्व है, किन्तु पशुबल को भी न्यायबल की शरण लेनी पड़ती है; समय, 'वह तुम्हारे पास जरूर आयेगा, ज्यों मैं आया हूँ|

आज मैं अकेला हूँ, धन-दौलत साथ छोड़ दिया है, अपने-पराये रूठ गए हैं| मेरे लिये इन सब के विरोध की ज्वाला-सम धूप असह्य होता जा रहा है| तभी रामबदन को भूत के कोख से एक आवाज सुनाई दी; मानो कह रही हो, 'रामबदन! यह जीवन संग्राम का युग है| यदि तुमको संसार में जीना है, तो नवीण और पुरुषोचित सिद्धांतों के अनुकूल जीना होगा| जिसे अपने कुल-मर्यादा की परवाह नहीं, उससे उदारता की आशा व्यर्थ है| अरे! तुमने तो अपने कपटाभिनय के रंग से, उसे अपना अरमान तो क्या, मन भी रंगने नहीं दिया| इसलिए, समय तुमको माफ़ नहीं करेगा| माफ़ी चाहिए तो उस प्रेम नदी से माँगो, जो तुम्हारे विरक्ति-भाव के प्रचंड ताप में सूख गया|

www.ingramcontent.com/pod-product-compliance
Lightning Source LLC
LaVergne TN
LVHW070954210926
848482LV00002B/216